名句中国丛书·叁

# 育才用人

吴礼权 编著

暨南大学出版社
JINAN UNIVERSITY PRESS

中国·广州

图书在版编目（CIP）数据

育才用人／吴礼权编著. —广州：暨南大学出版社，2014.7
（名句中国丛书）
ISBN 978 - 7 - 5668 - 0668 - 0

Ⅰ.①育…　Ⅱ.①吴…　Ⅲ.①名句—汇编—中国　Ⅳ.①H136.3

中国版本图书馆 CIP 数据核字（2013）第 162302 号

出版发行：暨南大学出版社

地　　址：中国广州暨南大学
电　　话：总编室（8620）85221601
　　　　　营销部（8620）85225284　85228291　85228292（邮购）
传　　真：（8620）85221583（办公室）　　85223774（营销部）
邮　　编：510630
网　　址：http：//www. jnupress. com　http：//press. jnu. edu. cn

排　　版：广州良弓广告有限公司
印　　刷：佛山市浩文彩色印刷有限公司

开　　本：890mm×1240mm　1/32
印　　张：5. 25
字　　数：122 千
版　　次：2014 年 7 月第 1 版
印　　次：2014 年 7 月第 1 次

定　　价：12. 80 元

# 前　言

吟安一个字，捻断数茎须。（唐·卢延让《苦吟》）

二句三年得，一吟双泪流。（唐·贾岛《题诗后》）

名句，特别是那些历久不衰、传诵不绝的经典名句，既是作者千锤百炼的思想成果，更是中华民族悠久文化的精华之浓缩，很是值得我们仔细玩味。因为我们可以从中汲取有益的精神营养，增加人生智慧，得到为人处世的人生启发，获取精神心灵的慰藉，由此开创我们健康、快乐、积极、向上的美好人生。

工欲善其事，必先利其器。（先秦《论语·卫灵公》）

道虽迩，不行不至；事虽小，不为不成。（先秦《荀子·修身》）

生于忧患，而死于安乐也。（先秦《孟子·告子下》）

大行不顾细谨，大礼不辞小让。（汉·司马迁《史记·项羽本纪》）

临渊羡鱼，不如退而结网。（汉·班固《汉书·董仲舒传》）

成大功者不小苟。（汉·刘向《说苑·政理》）

读一读这些充满哲理睿智的先贤名言，对我们今天如何为人处世，相信会启发多多、获益无穷的。

中国自古便有一句老话："人生不如意事常八九。"现实生活并不是诗词歌赋，更不会事事都充满诗情画意。因此，在现实生活中遭遇种种的人生挫折，那是"司空见惯浑闲事"。假如在人生的道路上遇到挫折，我们是否就此一蹶不振、意志消沉下去呢？

天行健，君子以自强不息。（先秦《周易·乾》）

长风破浪会有时，直挂云帆济沧海。（唐·李白《行路难》）

天生我材必有用，千金散尽还复来。（唐·李白《将进酒》）

读一读先贤的这些经典名言，相信我们定能由此振作起来，重新燃起希望之火，顿起奋发进取之志。

有奋发进取的国民，才会有奋发进取的民族。中华民族之所以生生不息，中华文化之所以源远流长，正是因为我们自古以来就不乏仁人志士。

如欲平治天下，当今之世，舍我其谁也？（先秦《孟子·公孙丑下》）

老骥伏枥，志在千里；烈士暮年，壮心不已。（汉·曹操《步出夏门行·龟虽寿》）

心懔懔以怀霜，志眇眇而临云。（晋·陆机《文赋》）

会当凌绝顶，一览众山小。（唐·杜甫《望岳》）

丈夫贵兼济，岂独善一身。（唐·白居易《新制布裘》）

为天地立心，为生民立命，为往圣继绝学，为万世开太平。（宋·张载《近思录拾遗》）

读一读这些气壮山河、豪迈超逸的传世名言，相信我们每一个人都会由此洞悉中华民族之所以伟大、中华文化之所以渊博的内在原因。

一个民族之所以成为一个民族，那是因为有一种民族精神。中华民族之所以成为中华民族，中华民族之所以在历经无数苦难之后仍然屹立不倒，并不断自强崛起，那是因为中华民族自古以来就有无数以国家天下为己任、舍身报国、爱国忘家的优秀儿女。

路漫漫其修远兮，吾将上下而求索。（先秦·屈原《楚辞·离骚》）

匈奴未灭，何以家为也！（汉·司马迁《史记·卫将军骠骑列传》）

捐躯赴国难，视死忽如归。（三国魏·曹植《白马篇》）

鞠躬尽瘁，死而后已。（三国蜀·诸葛亮《后出师表》）

风尘三尺剑，社稷一戎衣。（唐·杜甫《重经昭陵》）

黄沙百战穿金甲，不破楼兰终不还。（唐·王昌龄《从军行七首》）

先天下之忧而忧，后天下之乐而乐。（宋·范仲淹《岳阳楼记》）

位卑未敢忘忧国。（宋·陆游《病起书怀》）

人生自古谁无死，留取丹心照汗青。（宋·文天祥《过零

丁洋》）

风声、雨声、读书声，声声入耳；家事、国事、天下事，事事关心。（明·顾宪成为无锡东林书院所题联语）

苟利国家生死以，岂因祸福避趋之。（清·林则徐《赴戍登程口占示家人》）

天下兴亡，匹夫有责。（清·顾炎武《日知录·正始》）

读一读上面这些掷地有声的报国誓言、爱国心声，我们不难窥见中华民族之所以能够绵历数千年而生生不息、历久弥新的原因所在。

有爱国之心、报国之志，固然难得；而有治国安邦之才、济世爱民之情，则更为难得。中华民族之所以生生不息，并不断从苦难中站起来，那是因为我们历来不乏治国之能臣、安民之才俊。

居安思危，思则有备，有备无患。（先秦《左传·襄公十一年》）

为之于未有，治之于未乱。（先秦《老子》第六十四章）

仓廪实则知礼节，衣食足则知荣辱。（先秦《管子·牧民》）

政之所兴，在顺民心；政之所废，在逆民心。（先秦《管子·牧民》）

国虽大，好战必亡；天下虽安，忘战必危。（先秦《司马法·仁本》）

家有常业，虽饥不饿；国有常法，虽危不亡。（先秦《韩非子·饰邪》）

公正无私，一言而万民齐。（汉·刘安《淮南子·修务训》）

世不患无法，而患无必行之法。（汉·桓宽《盐铁论·申韩》）

民之所好，好之；民之所恶，恶之。（汉·戴圣《礼记·大学》）

求贤如饥渴，受谏而不厌。（晋·陈寿《三国志·吴书·张纮传》）

服民以道德，渐民以教化。（宋·欧阳修《三皇设言民不违论》）

兼听则明，偏信则暗。（宋·司马光《资治通鉴》载唐太宗语）

为政之要，曰公曰清。（宋·林逋《省心录》）

听一听这些先贤治国安邦的心得，分享他们济世安民的成功经验，今天身为人民公仆的干部一定能从中学习、领悟到不少东西；于其执政能力、行政能力的提高，也会助益多多。

治国安邦之才，经世致用之能，并不是先天所生就，而是要通过后天的学习教育。而今，世界已经进入"知识经济"时代，不接受教育、不读书或者说不会读书，都会被时代淘汰。

学而不思则罔，思而不学则殆。（先秦《论语·为政》）

玉不琢不成器，人不学不知道。（汉·戴圣《礼记·学记》）

学，然后知不足；教，然后知困。（汉·戴圣《礼记·

学记》)

少则习之学，长则材诸位。(汉·班固《汉书·董仲舒传》)

业精于勤荒于嬉，行成于思毁于随。(唐·韩愈《进学解》)

纸上得来终觉浅，绝知此事要躬行。(宋·陆游《冬夜读书示子聿》)

循序而渐进，熟读而精思。(宋·朱熹《读书之要》)

对于"为何学习"、"如何学习"，先哲前贤都提出了精辟的见解。读了上述教诲，相信今天的我们定能"心有戚戚焉"，对学习的意义与学习的方法的认识也会更加深刻的。

其实，先贤留下的名言名句，不仅极大地丰富了我们中华文化，对中国人的思想发展、人生观的确立等有着重要的影响，同时也对中国人心灵的陶冶与精神的慰藉为功不小。

余霞散成绮，澄江静如练。(南朝齐·谢朓《晚登三山还望京邑》)

白日地中出，黄河天外来。(唐·张蠙《登单于台》)

大漠沙如雪，燕山月似钩。(唐·李贺《马诗二十三首》)

大漠孤烟直，长河落日圆。(唐·王维《使至塞上》)

千里莺啼绿映红，水村山郭酒旗风。(唐·杜牧《江南春》)

日出江花红胜火，春来江水绿如蓝。(唐·白居易《忆江南》)

江流天地外，山色有无中。(唐·王维《汉江临眺》)

三山半落青天外，一水中分白鹭洲。（唐·李白《登金陵凤凰台》）

楚塞三湘接，荆门九派通。（唐·王维《汉江临眺》）

疏影横斜水清浅，暗香浮动月黄昏。（宋·林逋《山园小梅》）

烟柳画桥，风帘翠幕，参差十万人家。（宋·柳永《望海潮》）

读一读这些描写塞外、江南自然风光的诗句，相信我们都会油然而生对祖国大好河山的无限热爱之情。

白日依山尽，黄河入海流。（唐·王之涣《登鹳雀楼》）

横空过雨千峰出，大野新霜万叶枯。（唐·耿湋《九日》）

远山芳草外，流水落花中。（唐·司空曙《题鲜于秋林园》）

明月松间照，清泉石上流。（唐·王维《山居秋暝》）

柳色黄金嫩，梨花白雪香。（唐·李白《宫中行乐词八首》）

星垂平野阔，月涌大江流。（唐·杜甫《旅夜书怀》）

春色满园关不住，一枝红杏出墙来。（宋·叶绍翁《游园不值》）

风吹梅蕊闹，雨细杏花香。（宋·晏几道《临江仙》）

蕉叶半黄荷叶碧，两家秋雨一家声。（宋·杨万里《芭蕉雨》）

浮天水送无穷树，带雨云埋一半山。（宋·辛弃疾《鹧鸪天》）

一年湖上春如梦，二月江南水似天。（元·廼贤《次段吉甫助教春日怀江南韵》）

水流曲曲树重重，树里春山一两峰。（清·郑燮《潍县竹枝词》）

读一读这些描写山水花木的诗句，相信我们都会顿生"清风明月本无价，近水远山皆有情"的情感共鸣，在观照自然万物中得到心灵的净化。

目送归鸿，手挥五弦。俯仰自得，游心太玄。（三国魏·嵇康《赠兄秀才从军十八首》）

石栏斜点笔，桐叶坐题诗。（唐·杜甫《重游何氏五首》）

松风吹解带，山月照弹琴。（唐·王维《酬张少府》）

独立小桥风满袖，平林新月人归后。（南唐·冯延巳《鹊踏枝》）

欲归还小立，为爱夕阳红。（宋·陆游《东村》）

东篱把酒黄昏后，有暗香盈袖。（宋·李清照《醉花阴》）

题诗石壁上，把酒长松间。（元·倪瓒《对酒》）

闲窗听雨摊书卷，独树看云上啸台。（清·吴伟业《梅村》）

读一读这些诗句，相信我们会尘虑顿消。而对照于古人的生活情趣与潇洒的人生态度，相信今日忙忙碌碌的我们都会惭愧不已，不得不对自己的人生态度进行深刻的反省。

这套名曰"名句中国"的小丛书，虽本意在于通过对一万余条中国古代经典名句意蕴的剖析，为人们的读写实践指点迷津，并提供"引经据典"的参考方便；但在名句意蕴解构的过程中，读者也许可以由此及彼而对博大精深的中国传统文化有个"管中窥豹"的粗略印象。"一滴水能折射出太阳的光辉。"透过名句，我们虽然不敢说能由此窥见博大精深的中国文化的深度，但最起码会给大家留下一点"浮光掠影"式的印象。

吴礼权

2008 年 4 月 8 日记于复旦园

# 凡　例

一、本丛书共收中国历代经典名句一万余条。入选的各名句，一般都是编者通过现代科技手段与互联网技术，在认真调查了其引用频率的基础上精选出来的。

二、本丛书所收名句依据特定的标准，共分为十二大类。每一大类又细分为若干小类。每一小类所收辞目，根据实际情况和"宁缺毋滥"的原则而多少不等。

三、辞目的编排，每一小类内的辞目编排顺序依据每一个辞目（即每一个名句）的第一个字的汉语拼音顺序依次编排。相同字头的辞目都集中于一起，排于其特定的音序位置上。第一个字与第二个字都相同的辞目，也依上述原则集中于一起，排于其特定的音序位置上。

四、每个辞目的编写体例是：首先列辞目（即名句），其次是"注释"，最后是"译文"和"点评"（句义没有难解之处，则没有译文）。即"辞目—注释—译文/点评"。

五、辞目的长度，一般是一句或两句。少数辞目考虑其意义的整体性，可能是三句、四句或更多。

六、注释的文字，包括名句的出处、生僻字词注音、难解字词的词义解释、古代汉语特殊句法结构的语法说明等四个部分。名句出处的标注，包括时代、作者、书名或篇名。成书时代难以确定的，则付之阙如。秦代以前的作品，统一以"先秦"概括，不细分为夏、商、周、春秋、战国等。这是考虑到有些作品的成书只能确定其大致时间，而难以具体指明何年何代，如《诗经》、《周易》、《尚书》等。作者不能确定的，也付之阙如。如《论语》、《孟子》等，并非孔子、孟子自己所编定，而是由他们的弟子或后人编定的，就不便注明作者。还有些作品是大家非常熟悉的，书名本身就表明了作者，则也不注明作者，如《老子》、《庄子》等。如果所引名句是著作中的，则注明书名和篇名或章节名。生僻字的注音，以汉语拼音方案的拼写规则标注声、韵、调。

七、译文/点评的文字，根据不同情况有不同的表现形式。主要有：①句意难于理解的，先列出白话译文，或是进行句意串讲，然后再对其内容进行阐发。②句意易于理解的，则略去译文或句意串讲，直接进行内容的阐发、点评。③有些名句运用到特定修辞方式的，则明确予以指出，并说明其表达效果。④有些写景的名句，不便用编者自己的观点框定读者，就以概括句意的形式简洁点拨，以便读者作"仁者见仁，智者见智"的解读发挥。⑤有些名句的语意后世在使用中发生语义变化的，则予以说明。⑥有些名句可以引申运用的，则予以说明。

八、《文学艺术》卷注有本丛书的条目索引，索引按照汉语拼音的音序排列，读者可以方便迅速地查阅到相关条目。

# 目　录

# 尊贤识人

**安危在出令，存亡在所任。**

【注释】出自汉·司马迁《史记·楚元王世家》引古语。出令，指所制定的法令。所任，指所任用的官员。

【译文/点评】国家安危在于所制定的法令是否得当，国家的存亡在于所任用的人才是否称职。这是强调法令与人才在治国安邦中的重要性。治国安邦，无非是制定法令、任用人才二端。抓住了此二端，也就纲举目张，一切皆顺了。

**璧由识者显，龙因庆云翔。**

【注释】出自晋·卢谌《重赠刘琨诗》。因，依靠、凭借。庆云，祥云。

【译文/点评】玉璧因为鉴赏者的慧眼而显其价值，龙靠祥云而飞腾。此以璧、龙发挥作用都要有所凭借为喻，说明杰出人才也需要有人赏识、有机会、有条件才能发挥作用的道理。

**伯乐一顾，价增三倍。**

【注释】出自唐·韩愈《为人求荐书》。伯乐，春秋时代秦国人，善相马。顾，回头看。

【译文/点评】此以伯乐看马而马涨价之事（据说有人卖

马卖不掉，于是出高价请求伯乐到市场上看他的马一眼。伯乐
应约而去，围着马转了一圈，临走又回头看了那马一眼，结果
那马就以原来三倍的价钱被人买走了）为喻，说明权威者荐
人的分量。


**博求人才，广育士类。**

【注释】出自宋·苏轼《荐朱长文札子》。

【译文/点评】广泛地访求各类人才，不遗余力地培育读
书人。此乃苏轼对于如何访求与培养人才的见解。


**不是虚心岂得贤？**

【注释】出自宋·王安石《诸葛武侯》。

【译文/点评】此言刘备若不是虚心真诚对待诸葛亮，岂
能得他这样杰出的人物相助而成大业？意谓要想求大贤、成大
业，就要有虚心的态度对待贤能的人才。


**不以求备取人，不以己长格物。**

【注释】出自唐·吴兢《贞观政要·任贤》。求备，要求
完美。格，纠正、要求。

【译文/点评】此言选拔任用人才要从大处看人，不可求
全责备，以完人要求选拔人才，便选拔不出人才；选拔任用人
才的当权者自己才高过人固然可贵，但切不可以自己的长处要
求所有被选拔者，否则也是选拔不出人才的。如此，只能成为
孤家寡人，没有别的人才为己所用、为己之佐。

**不以人所短弃其所长。**

【注释】出自晋·陈寿《三国志·吴书·诸葛恪传》。以，因。短，指缺点或短处。长，指优点、长处。

【译文/点评】此言选拔或任用人才要着眼于大的方面，不能只看到被选拔对象小的缺点而忘了大的优点。如果优点是主要的，缺点是次要的，那么就应该毫不犹豫地予以录用，切不可因噎废食，因小弃大，放弃一个优秀可用的人才。

**不以一眚掩大德。**

【注释】出自先秦《左传·僖公三十三年》。以，因为。眚（shěng），过失。掩，抹杀。大德，大的功劳。

【译文/点评】不能因为一个人一时的过失而抹杀他以前所有的大功劳。此言用人要看大节，要从大处着眼，因为任何人都不可能是十全十美的。俗语"金无足赤，人无完人"，说的正是这个道理。

**才能之人去亡，则宜有外难；群臣朋党，则宜有内乱。**

【注释】出自先秦《管子·参患》。去亡，离开、逃亡。则，就。宜，应当。外难，即外患。朋党，结党、勾结。

【译文/点评】有才能的人被迫离开或逃亡，国家的外患就应当不远了；群臣结党营私、狼狈为奸，则国家的内乱就不期而至了。这是管子的治乱观。揆之历史，凡是君子贤臣被逐，小人当道，内忧外患必然免不了，国家危在旦夕，自不待言。诸葛亮《出师表》中的"亲小人，远贤臣，此后汉所以倾颓也"，说的正是这个意思。

**才有大小，故养有厚薄。**

【注释】出自宋·苏轼《滕县公堂记》。故，所以。养，奉养、待遇。

【译文/点评】此言人的才能有大小之别，所以任用人才时就要根据其才能大小给他们不同的待遇，杰出人才要从优奉养，一般人才则一般对待。这个道理从理论上说无疑是正确的，不过有些理想化。事实上，在任何时代都有才能与待遇倒挂的现象，"英俊沉下僚"的情况司空见惯，"庸人居高位"的现象也并不少见。正因为有此现实，所以苏轼才这样强调，意在呼吁国家建立起一套有效的人才任用与激励机制，从而实现人尽其才、各尽所能的目标。

**材难矣，有蕴而不得其时；时逢矣，有用而不尽其施。**

【注释】出自宋·欧阳修《尚书工部郎中充天章阁待制许公墓志铭》。材，通"才"，人才。矣，此为句中语气助词，表示感叹。蕴，蕴藏。时，时机、机遇。施，施展。

【译文/点评】作为一个人才真是难啊，有的虽有大才却生不逢时，没有机遇被任用；有的生逢其时，也被任用了，但用的地方不合适，才能没有尽情施展出来。此言机遇对于一个人才脱颖而出的重要性，以及人才任用能够人尽其才的难度。

**采玉者破石拔玉，选士者弃恶取善。**

【注释】出自汉·王充《论衡·累害》。

【译文/点评】选拔人才就是淘汰德才不好的，挑选德才兼备的，就好像是剖开石头凿出玉来一样。此言选拔人才要有取舍、打磨的功夫。

**操行有常贤，仕宦无常遇。**

【注释】出自汉·王充《论衡·逢遇》。操行，节操品行。仕宦，做官。

【译文/点评】节操道德方面有一以贯之的贤者，但仕途之上则不会有经常被人赏识重任的事。此言德才兼备的贤者并不少见，但贤者被赏识重任并不容易。

**常人皆能办大事，天亦不必产英雄。**

【注释】出自宋·谢枋得《与李养吾书》。

【译文/点评】此言大事并不是一般人所能干得成的。意在强调英雄的作用。

**称其仇，不为谄；立其子，不为比。**

【注释】出自先秦《春秋左传·襄公三年》。称，推举、举用。其，他的。仇，指仇人。谄（chǎn），巴结、奉承。立，此指举荐。比，结党、勾结。

【译文/点评】举用自己的仇人，不是献媚讨好；荐举自己的儿子，不是结党营私。这是春秋时代晋国大夫祁奚在举荐人才时对晋君说的一番话，其意是强调举贤用人的原则是只问才能、道德，而不问与举荐者之间的关系。因此，这历来被认为是公正荐举人才与公正用人的至高无上的境界。

**成也萧何，败也萧何。**

【注释】出自宋·洪迈《容斋随笔续笔》卷八。

【译文/点评】此言韩信能够被汉高祖刘邦筑坛拜为大将军，为西汉王朝的建立立下不世之功，应归功于萧何慧眼识人的力荐之功；韩信最后被杀而屈死，则是缘于萧何为吕后密室设计的结果。其意是说，荐韩信与毁韩信都是萧何一人。后世引此句，乃是说成事、败事都系于一人。

**雏凤清于老凤声。**

【注释】出自唐·李商隐《韩冬郎即席为诗相送，一座尽惊，他日余方追吟"连宵待坐徘徊久"之句，有老成之风，因成二绝寄酬，兼呈畏之员外》。雏（chú），幼小的鸟。雏凤，此喻指韩偓（小名冬郎）。老凤，此喻指韩偓之父韩瞻（字畏之）。

【译文/点评】此乃诗人以雏凤、老凤为喻赞扬早慧的韩偓将来定会胜过其父。后代引申泛化，常用以指称后生的才能胜过前辈。

**处尊居显未必贤，遇也；位卑在下未必愚，不遇也。**

【注释】出自汉·王充《论衡·逢遇》。……也，古代汉语判断句的一种形式，相当于"……是……"。

【译文/点评】处于尊贵显要地位的，不一定就是贤能之人，而是他遇到好机会罢了；地位低下的，不一定就是愚蠢无能之辈，而是他没有遇到好机会罢了。此言一个人地位的高低并不一定与他的才能有关，而与他所遇到的机会好不好有很大关系。

**大匠无弃材，寻尺各有施。**

【注释】出自唐·韩愈《送张道士》。大匠，指高明的木匠。寻，八尺，指代大材。尺，指代小材。

【译文/点评】高明的木匠手里是没有什么废弃不能用的材料的，大材小材都各有其独到的作用。此乃比喻修辞法，以材料比人才，形象生动地阐明了这样一个用人的道理：人才有各种各样，虽然有高下之分，但却没有有用与无用之说。只要用人者善用其长，即使是鸡鸣狗盗之徒也能发挥出其他人才所不可比拟的最大作用。

**大器不可小用，小士不可大任。**

【注释】出自南朝梁·萧绎《金楼子·杂记下》。小士，才能不大的人。

【译文/点评】大的器物不可盛放小物，才能低下的人不堪担负大任。此以器物大小为喻，形象地说明了用人要量才授职的道理。

**大贤虎变愚不测，当年颇似寻常人。**

【注释】出自唐·李白《梁父吟》。虎变，用《周易·革》中"大人虎变"语，意谓大的变化（老虎秋后换毛后毛色焕然一新）。愚，指普通人。

【译文/点评】此言真正杰出的贤才最初不是普通人能够看得出来的，只有到了他发生很大变化时，才能为人所了解。意谓只有独具慧眼才能识得英才。

**待士不敬，举士不信，则善士不往焉。**

【注释】出自先秦《尸子》卷上。士，此指人才。则，那么、就。焉，之，指示代词。

【译文/点评】对待人才态度不敬，举荐的人才而不加以信任，那么好的人才就不会投奔他了。此言对待人才一要有敬重的态度，二要有放手任用的雅量，这样人才才能为其所用，并发挥作用。

**待士之意周，取人之道广。**

【注释】出自宋·欧阳修《颁贡举条制敕》。

【译文/点评】此言对待贤士人才要有恭敬周到之心，选用人才应该广开门路。

**得其人而行之，则为大利；非其人而行之，则为大害。**

【注释】出自宋·王安石《上五事书》。得其人，指得到合适的人才。行，执行。之，指国家政策措施。则，那么、就。非其人，指任用的人才不恰当。

【译文/点评】国家的政策措施，找到恰当有力的人才予以推行，那么对国家就有大利；任用的人才不恰当，政策执行不力或执行走样，那么对国家就有大害。此言执行国家政策措施要有恰当人才的重要性。

**得人则安，失人则危。**

【注释】出自三国魏·曹丕《秋胡行二首》其一。人，此指人才。

【译文/点评】得到贤才，天下就会安定；失去贤人，国家就有危机。此言人才对于治国安邦的重要性。

**得人者兴，失人者崩。**

【注释】出自汉·司马迁《史记·商君列传》引古逸诗。

人，此指人心。……者，（的）人。兴，兴旺。崩，崩溃。

【译文/点评】得人心的，国家就会兴旺；失去人心的，国家就会崩溃。这是两千多年前的古语，与后代所说的"得人心者得天下"，其意一矣，皆是强调民心向背对于国家兴亡的重要意义。

**得人之道，在于知人；知人之法，在于责实。**

【注释】出自宋·苏轼《议学校贡举状》。道，方法、途径。责，要求。责实，依据事实。

【译文/点评】求得人才的途径在于了解人，了解人的方法在于根据事实与表现。此言得人与知人的方法。

**得十良马，不若得一伯乐；得十良剑，不若得一欧冶；得地千里，不若得一圣人。**

【注释】出自先秦·吕不韦《吕氏春秋·不苟论·赞能》。不若，不如。伯乐，春秋时代秦国人，善于相马。欧冶，即欧冶子，春秋时代越国人，善铸剑。圣人，指杰出的人才。

【译文/点评】得到十匹骏马，还不如得到一个善相马的伯乐；得到十把宝剑，还不如得到一个善铸剑的欧冶；得到千里土地，还不如得到一个能治国安邦的英才。此以引喻修辞法，通过得骏马不如得伯乐、得宝剑不如得欧冶作类比，形象有力地说明了求取英才对于治国安邦的重要性。

**得万人之兵，不如闻一言之当；得隋侯之珠，不若得事之所由；得呙氏之璧，不若得事之所适。**

【注释】出自汉·刘安《淮南子·说山训》。一言之当，一句恰当有益的话。隋侯之珠,古代的宝珠。不若,不如。事之所由,做事情的途径。咼(hé)氏之璧,即"和氏之璧",古代的宝玉。事之所适,如何做事情的方法。

【译文/点评】得到万人军队的援助,不如听到一句如何治军的良言;得到隋侯之珠,不如了解到如何做事的途径;得到和氏之璧,不如了解到做好事情的方法。此言良言良策的实际价值远比其他别的什么重要得多。

**德不称其任,其祸必酷;能不称其位,其殃必大。**

【注释】出自汉·王符《潜夫论·忠贵》。称,相称。其,指示代词。酷,厉害、严重。

【译文/点评】道德威望与他所担任的官职不相称,那他将造成的祸患一定非常严重;能力与他所担任的职事不相称,那他将造成的祸殃一定很大。此言任用官员务须要才能、德望与其所担负的职位相称,否则会给国家造成巨大的危害。

**钓名之人,无贤士焉。**

【注释】出自先秦《管子·法法》。焉,句末语气词。

【译文/点评】玩弄手段而获取名誉的人,不是贤士。此言沽名钓誉之人道德有问题,自然不是可以重用的贤才。

**鼎也不可以柱车,马也不可使守闾。**

【注释】出自唐·韩愈《试大理评事王君墓志铭》。鼎,古代用作传国的宝器。柱车,作车的柱子、支撑车子。闾(lú),里巷、里巷的大门。

【译文/点评】鼎虽然是宝物,但不能用之作车柱;马虽

跑得快，但也不能用之守巷门。此以鼎、马的用途为喻，说明
人才的运用应该恰当的道理。

**短绠不可以汲深，器小不可以盛大。**

【注释】出自汉·刘安《淮南子·说林训》。绠（gěng），
井绳。汲，打水。

【译文/点评】井绳短，则汲不到深井之水；器物小，则
盛放不了大的物件。此以汲水与盛物为喻，说明小才难担大任
的道理。

**芳林新叶催陈叶，流水前波让后波。**

【注释】出自唐·刘禹锡《乐天见示伤微之、敦诗、晦叔
三君子，皆有深分，因成是诗以寄》。芳，花草。

【译文/点评】此以花草树木之叶的新陈代谢、流水后浪
推前浪为喻，形象地说明了人才也有新旧交替的道理。意在劝
人要有扶植年轻人、培养后进的雅量。

**非才而据，咎悔必至。**

【注释】出自晋·陈寿《三国志·吴书·严峻传》。据，
占据职位。咎，过错。悔，悔恨。

【译文/点评】没有那份才能而占据职位，一定会因犯错
而后悔的。意谓一个人没有胜任某一职位的能力，就千万别贪
占某一职位，以免误国误身而后悔不迭。

非成业难，得贤难；非得贤难，用之难；非用之难，任之难。

【注释】出自晋·陈寿《三国志·吴书·钟离牧传》裴松之注引《会稽典录》。非，不是。任，信任。

【译文/点评】不是成就大业难，而是求得贤才难；不是求得贤才难，而是任用贤才难；不是任用贤才难，而是信任贤才难。此以"层递"修辞法，层层递进，有力地说明了对待人才问题，最难的不是求才、用才，而是充分地相信所用的人才，让他们放手施展才干。中国历代统治者之所以都反复强调"用人不疑，疑人不用"的原则，原因就是因为"任人"实在不易。

腓大于股，难于趣走。

【注释】出自先秦《韩非子·扬权》。腓（féi），胫后肌肉，俗称腿肚子，此代指小腿。趣，通"趋"，快走。走，跑。

【译文/点评】小腿比大腿粗，很难跑得快。此以小腿粗于大腿的负面结果为喻，说明下属权势过重对上级管理调度将产生不利的道理。

覆巢竭渊，龙凤逝而不至。

【注释】出自南朝宋·范晔《后汉书·逸民列传》。逝，走、逃。

【译文/点评】倾覆的巢穴、干涸的渊泽，龙凤会逃而不来的。此言如果没有好的用人环境与明智之主，杰出的人才是不会投奔其门下而为之效力的。

**功以才成，业由才广。**

【注释】出自晋·陈寿《三国志·蜀书·董允传》裴松之注引《襄阳记》。以，因。

【译文/点评】事功因为人才而成就，事业因为人才而光大。此言人才对于成就事业、事功的重要性。

**苟得其人，虽雠必举；苟非其人，虽亲不授。**

【注释】出自晋·陈寿《三国志·蜀书·许靖传》。苟，如果。其人，指人才。虽，即使。雠（chóu），仇敌、仇人。必，一定。举，举荐。授，授予官职。

【译文/点评】如果确实是人才，那么即使是自己的仇敌，也一定要举荐；如果不是人才，即使是自己的亲人，也一定不能滥授官职。此言举荐人才要唯才是举，不能以关系亲疏作为举荐的依据。

**构大厦者，先择匠而后简材；治国家者，先择佐而后定民。**

【注释】出自唐·马总《意林》引《物理论》。构，架构，搭建；简，选择、选拔；佐，辅佐之人。

【译文/点评】建造大厦，最重要的不是先找建筑材料，而是要先觅得能工巧匠。这个道理，其实并不难为人所了解。那么，治国呢？何为先，何为后，就不容易把握了。为此，作者以构厦先择匠为喻，引申发挥，由此非常形象地说明了欲治国先安民，欲安民先择佐的道理。这里的"比喻"是个"引喻"，前一句是铺垫、引子，后一句才是表达的正意所在。

孤之有孔明，犹鱼之有水也。

【注释】出自晋·陈寿《三国志·蜀书·诸葛亮传》。孤，刘备自称，古代帝王的自称。之，放在主谓语之间，取消句子的独立性。也，句末语气助词，这里是帮助判断。

【译文/点评】鱼得水才能活，水得鱼才有清趣。刘备将自己与诸葛亮的关系比作鱼与水的关系，既形象地说明了他与诸葛亮君臣关系的和谐，也表达了对得到诸葛亮这样的人才的无比欣慰之情。后世形容君臣关系的和谐与杰出人才得到明主的垂青，都以鱼水关系来形容，即源于此。

古之君子爱其人也，则忧其无成。

【注释】出自宋·苏洵《上富丞相书》。也，句中语气助词，帮助停顿。则，就。

【译文/点评】古代的贤人君子爱护人才，就会担心他们不能有所成就。意谓真正爱护人才，就应该给他们以施展才能的机会，让他们英雄有用武之地，做出成绩，这才是真正的爱才之道。如果只流于口头之上，不是真正的爱才，那是装点门面的虚伪。

官无常贵，而民无常贱。有能则举之，无能则下之。

【注释】出自先秦《墨子·尚贤上》。则，就。

【译文/点评】官不会永远处于尊贵的地位，民也不会永远处于卑贱的地位。有能力的平民就荐举为官，没有的能力的官员就贬降为民。此言没有天生的官，也没有天生的民。官与民的身份是可以随时对换的。任之则为官，降之则为民。这个思想与今天我们所倡导的官员"能上能下"的理念是相通的。

**官在得人，不在员多。**

【注释】出自唐·吴兢《贞观政要·择官》注引《资治通鉴》载唐太宗语。

【译文/点评】此言选任官员关键在于得当，而不在人多。

**归国宝，不若献贤而进士。**

【注释】出自先秦《墨子·亲士》。归，馈赠。不若，不如。进士，推荐人才。

【译文/点评】馈赠君王一件国宝，还不如向其推荐一个贤才。此言能够治国安邦的英才贤士才是国宝。

**贵德而尊士，贤者在位，能者在职。**

【注释】出自先秦《孟子·公孙丑上》。贵德，以德为贵，推崇道德。

【译文/点评】推崇道德，尊重读书人，让贤者居于官位，让能者有职务。此言意在劝统治者推崇道德，尊重人才，任人唯贤。

**国家将亡，必用奸人。**

【注释】出自先秦《国语·楚语下》引古语。

【译文/点评】一个国家将要灭亡，一定会重用奸人。此言任用奸佞之人将会导致国家灭亡。

**国以得人为强，如猛兽之卫藜藿；以积贤为宝，如珠玉之茂山川。**

【注释】出自宋·苏轼《赐新除司空同平章军国事吕公著

上第二表辞免恩命不许断来章批答》)。藜藿,豆叶。茂,此指润泽。

【译文/点评】国家以得到能人为强大,就像是猛兽守卫豆叶那样可靠;以积聚贤才为宝,就像是山川因有珠玉而润泽有灵气。此言访求、积聚人才对于国家强大的意义。

**国以用贤使能而兴,弃贤专己而衰。**

【注释】出自宋·王安石《兴贤》。

【译文/点评】国家因使用贤能之士而兴盛,因不用贤能之士独断专行而衰亡。此言国家的兴亡与是否选任贤能之士有密切关系。

**国之废兴,在于政事;政事得失,由乎辅佐。**

【注释】出自南朝宋·范晔《后汉书·桓谭传》。废兴,兴亡。由乎,在于。辅佐,指辅佐国政的人。

【译文/点评】国家的兴亡,在于政事处理得好坏;政事处理得是否得当,关键在于辅佐国政的人是否得力。此言治国安邦的关键在于人才。英才治国则国兴,庸才治国则国亡。

**海产明珠,所在为宝;楚虽有才,晋实用之。**

【注释】出自晋·陈寿《三国志·吴书·张纮传》裴松之注引《吴书》。所在,所到之处。实,句中语气助词,用以加强语气,无义。

【译文/点评】产于海中的明珠所到之处都会被视为宝物;人才虽然产于楚国,但晋国也可以任用他们。此以明珠人人以为宝为喻,形象生动地说明了这样一个道理:只要是人才就会到处受欢迎，到处有人用，不受国别和地域的限制。

**鸿鹄固有远志，但燕雀自不知耳。**

【注释】出自晋·陈寿《三国志·魏书·董卓传》裴松之注引《山阳公载记》。鸿鹄（hú），天鹅。固，本来。但，只。耳，罢了。

【译文/点评】天鹅本来就有一飞冲天的远大志向，只是燕雀自己不知道而已。此以燕雀不知鸿鹄之志为喻，说明平庸之辈不易了解杰出人物的志向。

**后来者居上。**

【注释】出自汉·司马迁《史记·汲郑列传》。

【译文/点评】此乃汲黯对汉武帝抱怨新进后辈地位超过自己的牢骚之言（"陛下用群臣如积薪耳，后来者居上"）。此语原来是对领导用人不公而不以为然的讽刺语，后语义转移，表示在人才新旧交替过程中新进后辈优于前辈老人，语含赞赏之义。

**后生可畏，焉知来者之不如今也？**

【注释】出自先秦《论语·子罕》。后生，指年轻人。畏，敬畏。焉，怎么。来者，后来者，即年轻人。之，放于主谓语之间，取消句子的独立性。今，指现在的人。也，语气助词。

【译文/点评】年轻人是可敬畏的，怎么知道他们就不如我们这些老人呢？这是孔子对年轻人的评价，也是对年轻人的鼓励，突出地表现了孔子关爱、奖掖年轻人的长者仁者风范。成语"后生可畏"，即源于此。

**怀文武之才者，必荷社稷之重。**

【注释】出自晋·陈寿《三国志·吴书·陆逊传》。必，一定。荷，担负。社稷，国家。

【译文/点评】怀有文韬武略之才的人，一定会担负着国家的重任。此言治国安邦必用奇才，奇才一定要为国家所用。

**黄金累千，不如一贤。**

【注释】出自唐·马总《意林》引《傅子》。累千，指极多。

【译文/点评】再多的黄金，也抵不上一个贤才。此以黄金与贤才对比，强调了贤才难得之意。

**悔在于任疑，孽在于屠戮。**

【注释】出自先秦《尉缭子·十二陵》。任疑，任用有问题的人。屠戮（lù），屠杀。

【译文/点评】任用有问题的人，那是会悔之不及的；好行杀戮，那是会种下巨大罪孽的。此言治国安邦的人用人须谨慎、杀伐须戒忍。

**家贫则思良妻，国乱则思良相。**

【注释】出自汉·司马迁《史记·魏世家》。则，就。思，想念。良相，代指杰出的治国人才。

【译文/点评】此以"家贫思良妻"作比，说明了国家处于危急状态下杰出的治国英才对于"挽大厦之将倾"的作用。其意是强调杰出人才的作用只有在危急关头才能淋漓尽致地表现出来。

**简能而任之，择善而听之。**

【注释】出自唐·魏征《论时政第二疏》。简，选拔。之，他/它。

【译文/点评】选择贤能者而任用他，选择合理的谏言而采纳它。此言国君治国安邦要有举贤任能、察纳雅言的胸襟。

**见贤不能让，不可与尊位。**

【注释】出自先秦《管子·立政》。与，授予。

【译文/点评】见到贤能之士而不能让出职位的人，是不能授予他尊贵的官位的。此言一个人如果没有容人、让贤的雅量，是不配占据国家要职的，那样会使英才受到压制、国家受到损失。

**建官惟贤，位事惟能。**

【注释】出自先秦《尚书·武成》。建官，选任官吏。惟，只。位事，安排职务。

【译文/点评】选拔官员只根据其贤德情况，安排职务只依其才干。此言选拔官员与安排职务的两个原则。这是非常有道理的，因为事实上确实有些官职是象征性的，需要有贤德者任之；而有些职务则是需要有才干之人才能做好，故根据其才能安排职务。

**荐贤贤于贤。**

【注释】出自汉·韩婴《韩诗外传》。

【译文/点评】能够推举贤才的人，那他本人就比有贤才的人更贤。此言能够诚心举贤的人才是大贤，是贤德的最高境界。

**将有非常之大事，必生希世之异人。**

【注释】出自宋·苏轼《王安石赠太傅》。异人，杰出的人才。

【译文/点评】只有在特别的时势下考验、在特别的事业中磨炼，才能造就出特别杰出的人才。此言时势造英雄、事业成就人。

**将不知兵，以其主予敌也；君不择将，以其国予敌也。**

【注释】出自汉·班固《汉书·晁错传》。将，将领。知兵，懂得兵法、用兵。以，把、用。其，他的。主，指君主。予，给。

【译文/点评】将领不懂用兵之道，等于是将他的国君送给敌人；国君不懂得挑选将领，无异于是将国家拱手送给敌人。此言国君择将用人对于国家安全的重要性。

**教之、养之、取之、任之，有一非其道，则足以败乱天下之人才。**

【注释】出自宋·王安石《上皇帝万言书》。之，指代人才。道，方法。则，那么。

【译文/点评】教育人才、培养人才、选拔人才、任用人才，其中有一个环节的方法有错误，那么就足以毁掉天下的人才。此言对于人才的教育、培养、选择、任用等环节，统治者都要认真对待，不可犯错，否则治国安邦便会无才可用。

**蛟龙得云雨，终非池中物也。**

【注释】出自晋·陈寿《三国志·吴书·周瑜传》。蛟龙，比喻非凡的人才，此指刘备。云雨，古人认为龙得云雨而腾飞，此喻指适合的时机与环境。池中物，喻指局促于某一小环境中而不能施展才能的人。

【译义/点评】蛟龙只要得到云雨之助，就会腾空而飞去，不会困于某一狭小的环境之中。此以困龙得云雨为喻，形象地表达了这样一个意思：困于东吴的刘备一旦被放走回到蜀中，就会大展手脚，再与东吴争夺天下。周瑜说这话，意在劝孙权不要放走刘备，以之为人质而要挟蜀汉。此语引申开去，也说明了这样一个道理：杰出的人才需要有好的环境与条件才能发挥巨大的作用。

**举不失德，赏不失劳。**

【注释】出自先秦《左传·宣公十二年》。

【译文/点评】举荐人才不能忘记有德之人，赏赐不能漏了有功之人。此言荐才与赏罚的原则。

**举尔所知。尔所不知，人其舍诸？**

【注释】出自先秦《论语·子路》。举，举荐。尔，你。知，了解。其，句中语气助词。舍，舍弃。诸，之乎。之，指他。乎，疑问代词，相当于"吗"。

【译文/点评】举荐你所了解的人。你不了解的人，由他人举荐（即难道别人会舍弃他吗）。这是孔子教育学生仲弓举才用贤的方法，符合举贤用能之道，在今天仍有参考价值。

**举将而限以资品，则英豪之士在下位者不可得矣。**

【注释】出自宋·欧阳修《准诏言事上书》。举，推举。资品，资历与出身贵贱。则，那么。矣，了。

【译文/点评】举荐将领而限于其资历与出身门第，那么地位低下的英豪之士就无法提拔上来了。此言举荐将才要看其才能与文韬武略，而不应该看其资历与出身门第。

**举善而任之，择善而从之。**

【注释】出自唐·吴兢《贞观政要·公平》。从，听从。

【译文/点评】荐举贤才而任用他，选择有益的谏言而接受它。此言做君王要有任人唯贤、从善如流的雅量与胸襟。

**君子不可小知，而可大受也；小人不可大受，而可小知也。**

【注释】出自先秦《论语·卫灵公》。小知，指用小事来考察。大受，担大任。也，句末语气助词。

【译文/点评】君子不能用小事来考察他，但可以担大任、做大事；小人则不然，不能让他做大事、担大任，却可以用小事来考验他。这是孔子谈如何用人的问题。他认为用人要看对象，要使不同的人各得其所、各尽其才。这一用人观，我们今天还在强调，说明是正确的。

**君子不以言举人，不以人废言。**

【注释】出自先秦《论语·卫灵公》。君子，此指地位高的人，即当政者。以，因为。举，举荐、提拔。言，前一个"言"指言谈，后一个"言"指正确的意见。废，黜弃。

【译文/点评】君子当政，不因为一个人的一句话而提拔或举荐他，也不因他的人品不好而废弃他正确的意见而不取。此言君子举贤用人要实事求是，不能感情用事。这是孔子谈如何选拔人才的言论，显示了他用人的雅量与胸襟，是正确的用人观。

**君子用人如器，各取所长。**

【注释】出自宋·司马光《资治通鉴·唐纪八·贞观元年》。

【译文/点评】这是唐太宗与封德彝谈举贤时所说的话，意谓任用人才不必求全责备，取其所长，授之以相应的职位，把事情办好，就是人尽其才了。不同的人才就像形状大小各不相同的器皿，本身没有什么高下优劣之分，只要使用者用得恰当，那就是最好的。这一用人观既反映出唐太宗用人的明智，也体现了其用人的器量与胸襟。

**枯木朽株，不荷栋梁之任；谀闻曲学，不为廊庙之资。**

【注释】出自唐·李峤《为欧阳通让司礼卿第二表》。荷，负、承载。谀（xiǎo）闻，有小的名声。曲，局部、不全。廊庙，指朝廷。

【译文/点评】枯朽之木，难以作为栋梁之材；见识浅陋、学识不足的人，难于成为治国安邦的人才。此以枯木朽株不堪大用为喻，说明孤陋寡闻、识见不广、学问不深者难以担当大任的道理。意谓治国安邦需要博学多识的精英。

**理人为循吏，理财为能臣。**

【注释】出自唐·刘禹锡《高陵县令刘君遗爱碑》。理人，指管理人民。循吏，奉职守法的官吏。理财，管理财政。能臣，能干的官吏。

【译文/点评】此言善于管理人民的便是好官，善于管理国家财政的便是能人。意谓"理财"与"理人"有同等重要的意义。这个观点在今天看来是具有进步意义的。因为一个国家的统治者如果不能让百姓过得富裕幸福，而只知将百姓管得服服帖帖，那肯定算不上什么好的统治者。

**良弓难张，然可以及高入深；良马难乘，然可以任重致远。**

【注释】出自先秦《墨子·亲士》。张，拉开。及高，到达高处。入深，射到深处。任重，负重。致远，到达远方。

【译文/点评】好弓不易拉，但可以射得高、射得深；骏马不好骑，但可以负重而至千里。此以良弓难张、良马难骑为喻，形象生动地说明了这样一个人才任用的道理：真正优秀的人才既有独到的见解与才干，也有特立独行的个性。虽然不易任用，更不易驾驭，但却能真正把事情办好，能够做成大事业。因此，当权者、用人者必须要有雅量，要有容人之心。不然，只管任用听话顺驯的人才，虽然易于驾驭，但终究成不了大事。现实生活中我们常常可以看到庸人居高位、干才埋下层的现象，其实就是当权者、任人者不敢任用有个性有能力的干才的结果。这种用人作风，其带来的后果只能是便利于当权者、用人者，却不利于国家与社会，当为当权者、用人者所戒！

**量力而任之，度才而处之；其所不能，不强使为是。**

【注释】出自唐·韩愈《上张仆射书》。量、度，皆指估量、根据。之，指被选用的人才。任，任命、授职。处，安置。不能，没有能力。强，勉强。使为，指让他担任官职。是，此指某种官职。

【译义/点评】任用人才要根据被选用对象的实际能力、才干而授予官职、安排职位，对于没有能力的人，不要勉强任用，以防渎职、旷职。此言任用官职要秉持"量才录用"的原则，无能者不授职。

**量其当否，参其同异，弃其所短，收其所长。**

【注释】出自北魏·李谧《明堂制度论》。量，考察、衡量。其，他，此指所要任用的人才。参，比较。

【译文/点评】考察他处事是否得当，比较他与别人的异同，摒弃他的短处，发挥他的长处。此言运用人才的方法与原则。

**临事不信于民者，则不可使任大官。**

【注释】出自先秦《管子·立政》。临事，指执政、担任行政职务。信于，取信于。则，那么、就。

【译文/点评】执政为官而不能取信于民，这样的人是不能让他担任重要官职的。此言担任国家重要职位的人应该是有诚信的人，是能代表政府形象的人。

**龙欲升天须浮云，人之仕进待中人。**

【注释】出自三国魏·曹植《当墙欲高行》。须，需要。

仕进，做官、晋升。中人，指举荐的人。

【译文/点评】一个人要想仕途顺利，就必须要有慧眼识人的举荐人推荐，这就像龙要升空须借助浮云一样。此言人才能否人尽其才，发挥作用，最终是与有没有人举荐密切相关。这是强调人才任用离不开举荐人的作用。

**虑事而当，不若进贤；进贤而当，不若知贤。**

【注释】出自先秦《尸子·发蒙》。当，恰当。不若，不如。进贤，推荐贤才。

【译文/点评】考虑事情恰当周到，不如推荐贤才；推荐贤才恰当，不如了解贤才。此以"层递"修辞法，强调推荐贤才做事比自己亲自做重要，了解贤才而知人善用则又比推荐贤才重要。意谓了解贤才并充分发挥其作用，才是统治者治国安邦的最高境界。

**论大功者不录小过，举大善者不疵细瑕。**

【注释】出自汉·班固《汉书·陈汤传》。大功者、大善者，皆指杰出的人才。录，记。疵（cī），小毛病、小过失，挑毛病。细，小。瑕（xiá），玉上的斑点，引申为缺点。

【译文/点评】此言选拔任用有杰出才能的人要着眼于他大的优点，不必斤斤计较于他小的缺点或过失而求全责备。否则，苛求于人，势必就会无才可用，因为世上无完人。

**马效千里，不必骥騄；人期贤知，不必孔墨。**

【注释】出自汉·王充《论衡·案书》。效、期，都是"追求"之义。骥、騄（lù），都指千里马。知，同"智"。孔墨，孔子、墨子，代指圣贤。

【译文/点评】骑马都希望马能跑得快，但不必要求马是日行千里的骏马；对于人才都希望他贤能智慧，但不必要求他一定是孔墨一样的圣贤。此以求马为喻，形象地说明了这样一个用人的道理：选贤任能不必过分苛刻，衡量一个人是否是贤才，也不必太看重其名望。

**猛虎在深山，百兽震恐；及在槛阱之中，摇尾而求食。**

【注释】出自汉·司马迁《报任少卿书》。百兽，代指所有野兽。及，等到。槛（jiàn），关野兽的笼子。阱，捕猎野兽的陷阱。

【译文/点评】此以猛虎在深山与在槛阱的不同情状为喻，形象地说明了人才作用的发挥需要有利环境相配合的道理。

**猛兽不群，鸷鸟不双。**

【注释】出自汉·刘安《淮南子·说林训》。不群，不结群。鸷鸟，指猛禽。不双，不结对。

【译文/点评】猛兽不结群而行，猛禽不成对而飞。此以猛兽、猛禽的行为方式为喻，形容杰出的人才都有其特立独行的性格特点。

**明明如月，何时可掇？忧从中来，不可断绝。**

【注释】出自汉·曹操《短歌行》。掇，摘取。

【译文/点评】仰慕贤才之心犹如望明月，渴望之情不可停歇。想到治国安邦大业，不禁忧从中来，绵绵不绝。这是曹操渴望得到贤才心迹的真切表露，令人感动。

**摩挲数尺沙边柳，待汝成阴系客舟。**

【注释】出自宋·董颖《江上》。摩挲，抚摸。汝，你，此指柳树。

【译文/点评】此以盼望岸边柳树快点长成好遮阴系船为喻，形象生动地表达了希望人才早日成长起来的殷切之情。

**谋臣良将，何代无之？贵在见知，要在见用耳。**

【注释】出自南朝梁·郭祖深《舆榇诣阙上封事》。见，被。耳，罢了。要，关键。

【译文/点评】有文韬的谋臣与有武略的良将，任何时代都不缺。问题的关键是他们是否被发现，是否被任用罢了。此言人才任何朝代都有，就看用人者是否有眼光发现人才并有效地任用人才。

**南山栋梁益稀少，爱材养育谁复论？**

【注释】出自唐·柳宗元《行路难》。栋梁，指对国家有重要作用的杰出人才。

【译文/点评】此以南山之上堪作大梁之木越来越少，而无人关心林木养育为喻，表达了诗人对国家杰出人才越来越少，而时人并不重视的忧虑之情。

**内称不辟亲，外举不辟怨。**

【注释】出自汉·戴圣《礼记·儒行》。称，称赞，此指举荐。辟，同"避"。

【译文/点评】举荐人才，内不避亲近之人，外不避仇怨之人。此言为国举才荐贤要以有没有才能为依据，而不是以关系亲疏而定。

**能者进而由之，使无所德，不能者退而休之，亦莫敢愠。**

【注释】出自唐·柳宗元《梓人传》。进，提拔、重任。由之，使用他。德，感激。退，辞退。休之，使他休息，即停止他的职务。愠，恼怒。

【译文/点评】有能力的人就提拔，放手重用；没能力的人就辞退，让他们退出所承担的职务。此言任用人才要量才录用，任优汰劣，能者进，不能者退。

**牛刀可以割鸡，鸡刀难以屠牛。**

【注释】出自汉·王充《论衡·程材》。牛刀，宰牛之刀。鸡刀，杀鸡之刀。

【译文/点评】此以牛刀与鸡刀为喻，说明大材可以小用，但小材绝不可大用的道理。

**爬罗剔抉，刮垢磨光。**

【注释】出自唐·韩愈《进学解》。爬，爬梳。罗，网罗。剔，剔除。抉，选择。刮垢，刮去污垢。磨光，磨去毛瑕，使其光洁。

【译文/点评】爬梳、网罗、剔除、选择，刮去污垢、磨光瑕疵。此以搜物择物、刮垢磨光为喻，形象地说明了如何网罗人才与培养人才的道理。前句言网罗人才，后句言培养人才。

**偏听生奸，独任成乱。**

【注释】出自汉·司马迁《史记·鲁仲连邹阳列传》。

【译文/点评】偏听一面之词，就会生出奸邪之事；只任用一个人，就会酿成祸乱。此言治国不能偏听偏信，防止被奸人迷惑；也不能过分信任某一个人，让他权力过大，以致尾大不掉，导致祸乱。

**剖开顽石方知玉，淘尽泥沙始见金。**

【注释】出自明·冯梦龙《古今小说·张道陵七试赵升》。

【译文/点评】此以凿石取玉、沙中淘金为喻，形象生动地说明了寻觅人才的艰难。

**其言可信，不以其人布衣不用。**

【注释】出自唐·韩愈《唐故相权公墓碑》。第一个"其"的意思为"他的"，为人称代词。第二个"其"也是人称代词，意为"他"。以，因为。布衣，指没有功名的平头百姓。

【译文/点评】他的话说得有理而且可信，就不能因为他是平民百姓而不任用他。此言意谓用人只需看其有才无才，而不是看他目前的地位身份，强调的是唯才是举的用人理念。

**其择人宜精，其任人宜久。**

【注释】出自宋·苏轼《策别第九》。宜，应该。

【译文/点评】选拔人才要精，任用人才要久。此言意谓人才任用宜精不在多，一个英才的关键作用远胜于众多庸才；任用人才要给予一定的任期，从而看出其真实的能力才干。今天我们任命官职强调反复考察，并要求有一定的任期，正是这个意思。

**骐骥长鸣，则伯乐照其能；卢狗悲号，则韩国知其才。**

【注释】出自晋·陈寿《三国志·魏书·陈思王传》。骐骥，骏马、骏马、千里马。则，那么、就。伯乐，古代善于相马的人。照、知，知道、了解。卢狗，猎犬。韩国，古代善于相狗的人。

【译文/点评】千里马长嘶不已，那么相马人伯乐就会了解到它的能力；猎犬放声悲号，相狗者韩国就知道它非一般之犬。此以相马、相狗者闻声识骏马、猎狗为喻，说明真有才能之人，迟早都会被慧眼识才者所荐拔重任的。

**骐骥虽疾，不遇伯乐不致千里；干将虽利，非人力不能自断。**

【注释】出自汉·刘向《说苑·建本》。骐骥，骏马、千里马。疾，快。伯乐，古代善于相马者。致，到达。干将，古代有名的宝剑。利，锋利。

【译文/点评】千里马虽然跑得快，但是遇不到识马的伯乐，也是不能得到应有的待遇而日行千里的；干将虽是有名的宝剑，锋利无比，但没有人力作凭借，也是不能自己切断任何物体的。此以千里马有待于伯乐、干将需要人掌握为喻，说明优秀人才需有善于识人用人的人荐拔才能发挥作用。

**千金何足惜，一士固难求。**

【注释】出自元·迺贤《南城咏古·黄金台》。

【译文/点评】此言真正杰出的人才是不能用金钱的价值来衡量的。其意是强调人才在治国安邦中的独特作用。

**千里马常有，而伯乐不常有。**

【注释】出自唐·韩愈《杂说》之四。伯乐，春秋时代秦国人，善相马。

【译文/点评】此以千里马与伯乐的关系为喻，说明人才易得而慧眼识人者难得的道理。

**求贤如饥渴，受谏而不厌。**

【注释】出自晋·陈寿《三国志·吴书·张纮传》。

【译文/点评】求才急切之情就像是口渴腹饥一样，虚心接受别人的正言直谏而无厌倦之意。此言治国安邦的执政者对人才、忠谏应持的正确态度。

**求贤若不及，从善如转圜。**

【注释】出自宋·苏轼《吕惠卿责授建宁军节度使副使本州安置不得签书公事》。转圜（huán），转动圆形之物，喻极易而无阻。

【译文/点评】访求贤才就像是来不及一样，听取有益的谏言就像是转动圆物那样顺畅自然。此言贤明之君对于人才、谏言的明智态度。

**取士之方，必求其实；用人之术，当尽其材。**

【注释】出自宋·欧阳修《详定贡举条状》。之，的。方、术，皆指方法。

【译文/点评】选拔人才的方法，一定要所选之人具有真才实学；用人的方法，应当将人才放到最适当的位置，以使其充分发挥其才干。此言选拔人才要重在才学，任用人才要人尽其才。

**人各有才，才各有小大。人者安其大而无忽于小，小者乐其小而无慕于大。**

【注释】出自宋·苏轼《应制举上两制书》。安其大，安心做他的大事。忽，轻视。乐其小，高兴地做他的小事。

【译文/点评】每个人都有自己的才能，只是才能是有大小之别的。有大才能的人就安心做好自己的大事，但也不要轻视别人做的小事；才能小的人就愉快地做自己所能做的小事，而不必仰慕别人做的大事。此言人的才能是有大小之别的，因此不同才能的人都应各尽所能，做好本职工作，也就算是人尽其才了。

**人各有能，因艺授任。**

【注释】出自南朝宋·范晔《后汉书·张衡传》。因，根据。艺，指才能。任，指职务。

【译文/点评】此言人的才能专长各有不同，因此任用人才应该根据其专长授予其恰当的官职，使其担负起能够胜任的职事。

**人各有能有不能。**

【注释】出自先秦《左传·成公五年》载赵婴语。

【译文/点评】此言每个人都有其所长，也有其所短，不可能什么方面都完美。认识到这一点，对用人者来说应该是非常重要的。因为只有抱此客观的认识，才能用人之长、避其所短，发挥每一个人才的最大作用。

**人有厚德，无问小节；人有大举，无訾小故。**

【注释】出自唐·马总《意林》引杜恕《体论》。訾（zǐ），非议、批评。小故，小缺点。

【译文/点评】如果一个人有崇高的道德，那么就不必在小节上苛求他；如果他有大的成就，那么就不必非议他的小缺点。此言用人要看大节，不要因其小的不足而弃其大才高德。

**人有所优，固有所劣；人有所工，固有所拙。**

【注释】出自汉·王充《论衡·书解篇》。工，指巧。固，必然。

【译文/点评】人有其所长，就一定有其所短；人有其工巧的一面，就一定有其拙劣的一面。此言人都是有优势与劣势的，有长处就有短处，有巧的一面就有拙的一面，不会十全十美。这便是俗语所说的"金无足赤，人无完人"的道理。因此，用人、看人都应该客观，不可求全责备，要求其完美。否则，世上便无可交之人，亦无可用之才了。

**人之才，成于专，而毁于杂。**

【注释】出自宋·王安石《上皇帝万言书》。

【译文/点评】一个人能否成为人才，关键是要专注于某一方面，而不能杂取旁收，什么都会一点，而又什么都不精专，结果不堪大用。此言要想成才，就要专注于某一领域而作精益求精的努力。

**人之才行，自昔罕全。苟有所长，必有所短。若录长补短，则天下无不用之人；责短舍长，则天下无不弃之才。**

【注释】出自唐·陆贽《请许台省长官举荐属吏状》。之，的。才行，此指才能。苟，如果。若，如果。则，那么。责，索取、要求。

【译文/点评】人的才能，自古以来便少有完备的。如果有某一方面的长才，那么一定有某一方面的欠缺。但是，如果能取其长而补其短，那么天下没有一个人是无用的；反之，如果求全责备，只看到其短处而看不到其长处，那么天下就无可用之才了。此言世上无全能的人才，每个人都有其长处，也有其短处。但只要合理使用，取其长而补其短，那么就有用不尽的人才了。反之，求全责备，以百般挑剔的眼光看人，那么天下就不会有可用的人才。此言用人要有雅量，切不可求全责备。

**人之材有大小，而志有远近也。**

【注释】出自宋·王安石《送陈升之序》。之，的。材，才能。也，句末语气助词。

【译文/点评】人的才能有大小之分，志向也有大小之别。此言人与人是有区别的，不可强求一律，对其差别应该予以承认。

**任官惟贤材。**

【注释】出自先秦《尚书·咸有一德》。惟，只。材，才。

【译文/点评】任命官员只看其才能。此与我们经常所说的"唯才是举"、"任人唯贤"同义。

**任贤使能，天下之公义。**

【注释】出自宋·苏轼《赐吕大防上第二表辞免恩命不允断来章批答》。公义，天下通行之理。

【译文/点评】任用贤能之士，这是天下通行的公理。此言选贤任能是治国安邦的常规，是天经地义的。

**任贤勿贰，去邪勿疑。**

【注释】出自先秦《尚书·大禹谟》。

【译文/点评】此言任用贤能之人不可三心二意，摒除奸邪之人要毫不犹豫。前句即我们经常所说的"用人不疑，疑人不用"的用人原则。

**山不厌高，水不厌深。周公吐哺，天下归心。**

【注释】出自汉·曹操《短歌行》。周公吐哺，是用《韩诗外传》所记周公"一饭三吐哺，犹恐失天下之士"的典故。

【译文/点评】此四句一方面是说贤才多多益善，另一方面也通过周公一饭三吐哺的典故，表达了曹操渴望贤才辅佐以建功立业的急切之情。

**善胜敌者不与，善用人者为之下。**

【注释】出自先秦《老子》第六十八章。不与，指"不与之争"。为之下，对人谦卑、谦逊。

【译文/点评】善于克敌制胜的人，常常不与敌人正面交锋；善于用人的人，往往礼贤下士、谦卑待人。此言对人态度谦恭才能赢得人心，人才才能为我所用。

**善用人者必使有材者竭其力，有识者竭其谋。**

【注释】出自宋·欧阳修《乞补馆职札子》。必，一定。材，才、才能。竭，竭尽。

【译文/点评】善于任用人才的人，一定会使有才干的人竭尽全力而为其效力，使有卓越识见者竭尽其全部智慧为其出谋划策。此言能使人才竭尽智力、能力为其效劳，才算是真正会任用人才的人。也就是说，让被任用的人达到"士为知己者死"的境界，才是第一流的驾驭人才的高手。

**尚贤者，政之本也。**

【注释】出自先秦《墨子·尚贤上》。尚，推崇。……者，……也，古代汉语的一种判断句形式，相当于"……是……"。

【译文/点评】对贤者礼遇，这是治国的根本。此言人才对治国安邦的重要性。

**身贤者，贤也；能进贤者，亦贤也。**

【注释】出自汉·刘向《说苑·臣术》。……者，……也，古代汉语的一种判断句形式，相当于"……是……"。身，自身、自己。进，推荐。亦，也。

【译文/点评】自己贤能，是贤者；能够推荐贤才的，也是贤者。此言自贤与荐贤对于国家来说具有同等重要的意义。

**身之病待医而愈，国之乱得贤而治。**

【注释】出自汉·王符《潜夫论·思贤》。愈，病好。

【译文/点评】身体有病，需要经过医生医治才能恢复健康；国家遭遇动乱，需要求得贤才才能治理得好。此以生病须治为喻，说明治乱世需要贤才的道理。

**圣人不以一己治天下，而以天下治天下。**

【注释】出自先秦《关尹子·三极》。圣人，此指治国明君。以，用、凭。一己，自己一个人。

【译文/点评】明主贤君不以自己的力量来治理天下，而是以天下人的力量来共治天下。用今天的话来说，就是要发挥集体的智慧来治理天下，不能太迷信个人的领导能力与魅力。如果执政者都能明白这个道理，相信他们一定会成为"圣人"的。可惜绝大多数的执政者一旦权到手，立马就忘了这句话。其结果必然是专权误国，贻害天下。古今中外，不乏其例。

**十步之间，必有茂草；十室之邑，必有俊士。**

【注释】出自汉·王符《潜夫论·实贡》。

【译文/点评】十步之内，一定会有茂盛之草；即使是只有十户人家的小城，也一定不乏有才之人。此以茂草与俊士并举，以引喻修辞法，生动形象地说明了只要有任用贤才之心，世上是不难发现贤能之人的。

**十人树杨，一人拔之，则无生杨矣。**

【注释】出自汉·刘向编《战国策·魏策二》。树，栽培。则，那么。生杨，活着的杨树。矣，句末语气助词。十人，指多人。一人，指少数人。

【译文/点评】十人种杨，一人拔杨，那么就不会有成活的杨树。此以种树为喻，说明培养人才难、毁掉人才易的道理。

**时不乏人，而患知之不博。**

【注释】出自宋·欧阳修《范文度模本兰亭序》。人，指人才。患，担心、愁。

【译文/点评】任何时代都不乏优秀人才，就愁访知人才的途径不广而遗漏了人才。此言只要肯用心访求人才，只要真有爱才之心，人才什么时候都能发现。

**时危始识不世才。**

【注释】出自唐·杜甫《寄狄明府博济》。不世才，难得一见的人才。

【译文/点评】此言只有在危难之时才能知道谁是真正难得的人才。今天我们常说"沧海横流，方显出英雄本色"，正是此意。

**识时务者在乎俊杰。**

【注释】出自晋·陈寿《三国志·蜀书·诸葛亮传》裴松之注引《襄阳记》。时务，时势。在乎，在于。俊杰，杰出的人才。

【译文/点评】此言能对客观时势的发展走向有清醒认识的人才是真正的人杰英才。在古代，大凡要劝降敌方某一人才时，往往都会引用这句话，意在告诫对方要认清形势，顺应历史发展的潮流。

**识珍者必拾浊水之明珠，赏气者必采秽薮之芳蕙。**

【注释】出自唐·马总《意林》引《抱朴子》。秽薮（sǒu），指污秽聚集之地。蕙，蕙兰。

【译文/点评】真正识珠者一定能从浊水中找寻到明珠，真正懂得鉴别气味者一定能从污秽聚集之地采摘到香气异常的兰草。此以从浊水、秽薮中寻珠觅兰为喻，生动形象地说明了一个道理：真正杰出的人才往往藏于社会的底层，成长于艰苦的环境之中。

**使鸡司夜，令狸执鼠，皆用其能。**

【注释】出自先秦《韩非子·扬权》。司，负责、掌管。狸，此指猫。执，捉。

【译文/点评】让公鸡负责打鸣报时，让猫捉鼠，这都是发挥其特长。此以鸡报时、猫捉鼠为喻，形象生动地说明了这样一个任人的道理：人各有不同的才能，关键要用其所长，在关键时刻发挥作用。

**世人皆欲杀，吾意独怜才。**

【注释】出自唐·杜甫《不见》。吾，我。

【译文/点评】此言李白"安史之乱"后参加永王起事、卷入王室争端事件确实不应该，但李白的才华还是应该珍视的。这是杜甫怜才怜友之辞。

**世上岂无千里马，人间难得九方皋。**

【注释】出自宋·黄庭坚《过平舆怀李子先时在并州》。九方皋，古代善于相马的人。

【译文/点评】此以千里马与九方皋的关系为喻，说明优秀的人才并不难得，难得的是能够慧眼识才的人。

**世有伯乐，然后有千里马。**

【注释】出自唐·韩愈《杂说》之四。伯乐，即春秋时代的孙阳，善于相马。

【译文/点评】此言千里马虽然客观上是存在于世的，可是在伯乐没有出现时，没人知道哪匹马是千里马。此以相马为喻，说明世上的人才多的是，只是需要具慧眼的人去发现。

**试玉要烧三日满，辨材须待七年期。**

【注释】出自唐·白居易《放言五首》之三。

【译文/点评】前句是说，是不是真玉，烧满三日便知（作者自注："真玉烧三日不热"）。后句是说，是豫木（枕木）还是章木（樟木），要长到七年才能分辨得出来（诗人自注："豫章木，生七年而后知"）。这两句是以比喻修辞法，生动形象地说明了这样一个道理：一个人要有高尚的节操，需要经过一定的磨炼；一个人是否有才能，需要经过长期的观察。俗语"真金不怕火来炼"、"路遥知马力，日久见人心"，所说的意思皆与此相通。

**受任于败军之际，奉命于危难之间。**

【注释】出自三国蜀·诸葛亮《前出师表》。

【译文/点评】此乃诸葛亮自述其接受任命而出山辅佐刘备时的艰难处境。

**授有德则国安。**

【注释】出自先秦《管子·牧民》。授，指授权于。有德，指有德者。则，就。

【译文/点评】治国者应当首先是有德者，只有如此，才能服众，才能上有所为，下有所效，国家才能安定。今天我们仍在强调的"以德治国"理念，正是管子这一思想的体现。

**蜀得其龙，吴得其虎，魏得其狗。**

【注释】出自南朝宋·刘义庆《世说新语·品藻》。

【译文/点评】诸葛亮共三兄弟，诸葛亮为蜀汉之臣，诸葛瑾为东吴之臣，诸葛诞为曹魏之臣。但是，三兄弟的才能却有高下之别。此以龙、虎、狗分别比喻诸葛三兄弟的才能，既生动形象，也恰如其分。

**四海之广，不患无贤，而患在信用之不至尔。**

【注释】出自宋·包拯《请录用杨纮等》。四海，指代天下。患，忧虑。尔，罢了。

【译文/点评】天下之大，根本不必担心没有贤能之才，而只怕有贤才而不能信任、不能任用罢了。此言贤才不缺，缺的是会用人的人。

虽有千里之能，食不饱，力不足，才美不外见，且欲与常马等不可得，安求其能千里也？

【注释】出自唐·韩愈《杂说》之四。虽，即使。欲，想。常马，普通的马。等不可得，求取相等的待遇而不得。安，怎么。其，指千里马。

【译文/点评】即使是有日行千里之能的千里马，如果吃不饱，精力不够，它的出众才能就不会被发现；况且这种马有时也得不到与普通的马相等的待遇，怎么指望它能日行千里呢？此言以千里马为喻，说明对于杰出的人才不仅要重视，更要精心呵护，这样才能充分发挥他们治国安邦的才能，造福于国家，造福于万民。

**所贵惟贤，所宝惟谷。**

【注释】出自汉·张衡《东京赋》。贵，以……为贵。惟，只。宝，以……为宝。

【译文/点评】治国只以得到贤才为贵，老百姓只以粮食为宝。此言"国以才为宝"、"民以食为天"的道理。

**所用非所养，所养非所用。**

【注释】出自宋·苏轼《乞擢用林豫札子》。养，供养。

【译文/点评】所任用的人才并不是国家所供养的人才，所供养的人才并不是所要任用的人才。此言用人的弊端：养用不接轨。

**他山之石，可以攻玉。**

【注释】出自先秦《诗经·小雅·鹤鸣》。攻，琢治。

【译文/点评】此以他山之石也可用来雕琢玉器为喻，来说明他国人才也能为己所用。形象生动，说服力强。后世由此引申，也有借鉴别人的经验为己所用之意。

**天将降大任于斯人也，必先苦其心志，劳其筋骨，饿其体肤，空乏其身，行拂乱其所为，所以动心忍性，曾益其所不能。**

【注释】出自先秦《孟子·告子下》。降，托付。大任，重大的职责。斯人，这个人。也，句末语气词。必，一定。苦，使……苦。心志，心、心理、思想。劳，使……劳累。饿，使……饥饿。空乏，使……困乏。拂乱，扰乱。曾，同"增"。

【译文/点评】上天要将重大的职责托付给这个人，那么一定会让他精神备受痛苦，筋骨备受劳顿，肠胃备受饥饿之苦，身体备受困乏之累，并使他的每一个行动都受到干扰而不如意。以此来震动他的心意，坚韧他的性情，增强他的能力。这是孟子关于如何历练人才的名言。今天我们说杰出的人才只有在逆境中才能成长起来，人要成大器，必须经受历练甚至磨难，正是这个意思。可见，孟子的这一观点是正确的。

**天下之事，非一人之所能独知也；海水广大，非独仰一川之流也。**

【注释】出自先秦《鹖冠子·道端》。之，的。非，不是。独，单独。……也，古代汉语判断句形式之一，相当于"……是……"。仰，仰仗、依靠。

【译文/点评】天下的事并不是一个人就能全知的；就像

海水无边无际，并不是仅靠一条河流的流量。此以汇众流而成海为喻，说明治国要群策群力，要发挥群众的积极性，不能光靠执政者一个人。

**天下之政，非贤不理；天下之业，非贤不成。**

【注释】出自唐·陈子昂《答制问事·重任贤科》。

【译文/点评】国家大政，没有贤才就难以治理得好；天下大业，没有贤能之士相辅则成就不了。此言治国安邦、建功立业都必须仰赖贤才。

**听鼓鼙之声则思将帅之臣。**

【注释】出自汉·司马迁《史记·乐书》。鼓，击鼓。鼙（pí），军用小鼓。鼓鼙，击军用小鼓。古代击军中小鼓，就表示战争开始了。之，的。则，就。

【译文/点评】听到军中鼓声，就思念起能够领兵挂帅的柱国之臣。此言将帅之臣对国家安全的重要性，也是批评当政者在国家危急时才想到用人的"临时抱佛脚"的功利主义行为。

**通才之人，或见赘于时；高世之士，或见排于俗。**

【注释】出自宋·王安石《取材》。通才之人，指全才。或，有的。赘，多余。高世之士，才华出众之人。俗，世俗、普通人。

【译文/点评】文韬武略全备的人，有的会被闲置，成为一个多余之人；有旷世奇才的人，有的会成为众人排挤的对象，结果一生没有用武之地。此言不是发现人才难，而是任用人才难、善用人才难。

**推贤让能，庶官乃和。**

【注释】出自先秦《尚书·周官》。推，举荐。庶，庶民、老百姓。乃，才。

【译文/点评】荐举贤者，推荐能人，官民才能和谐。此言用人公平，才能凝聚人心，促进社会和谐。

**外举不弃仇，内举不失亲。**

【注释】出自先秦《左传·襄公二十一年》。

【译文/点评】为国举荐人才，对外哪怕是自己的仇人，只要确实是人才，也应该举荐；对内哪怕是自己的亲人，只要确是人才，而且是出于公心，也应该举荐，而不能遗漏。此言举荐人才应该以是否确是人才为依据，而不是以关系亲疏为依据。

**忘其前愆，取其后效。**

【注释】出自晋·陈寿《三国志·吴书·吴主传》。其，指被任用的人。愆（qiān），过失、过错。

【译文/点评】此言对于以前犯过错误的人，只要确实是有用之才，就不能一棍子打死，仍然应该起用，以让他在今后发挥作用。我们今日对于犯错误的干部有"留职察看，以观后效"之说，正是基于这一用人理念。

**危莫危于任疑。**

【注释】出自先秦《素书·本德宗道章》。莫，没有。任疑，任用有疑问、不可靠的人。

【译文/点评】危险没有比任用有问题的人更大的了。此言任用有问题的人会造成不可挽回的损失，因此务须避免。

**为国不患于无人，有人而不用之为患。**

【注释】出自宋·苏轼《赐新除中大夫守尚书右丞王存辞免恩命不许断来章批答》。为国，治国。患，担心、害怕。

【译文/点评】治国不怕没人才可用，就怕有人才而不用，这才是祸患。此言有才不用是治国安邦的大忌，也是对国家有极大危害的。

**为人主而大信其妻，则奸臣得乘于妻以成其私。**

【注释】出自先秦《韩非子·备内》。人主，国君。则，那么、就。乘，利用。

【译文/点评】做国君的偏信其妻，那么奸臣就会利用国君之妻而谋私利。此言做国君切忌偏信其妻之言，防止奸人走"夫人路线"而祸国殃民。今日我们强调领导干部要管好配偶，其意正在于此。

**为上者不虚授，为下者不虚受。**

【注释】出自晋·陈寿《三国志·魏书·明帝纪》裴松之注引《魏略》。

【译文/点评】做上级的不能虚授官职或奖赏，做下级的不能虚受官职或奖赏。此言授受官职要根据实际情况，奖赏要根据实际功劳，不可失之过滥。

**为政之要，惟在得人；用非其才，必难致治。**

【注释】出自唐·吴兢《贞观政要·崇儒学》载唐太宗语。为政，指治国。要，关键。惟，只。致治，达到天下太平。

【译文/点评】治国的关键只在于任用人才，但是人才任用不当，也一定难于达到天下大治的目标。此言治国安邦要靠人才，但人才任用务须得当，人尽其才，官得其人，才能有助于国政。

**未曾灭项兴刘，先见筑坛拜将。**

【注释】出自明·冯梦龙《古今小说·蒋兴哥重会珍珠衫》。未曾，还没有。项，指项羽。刘，指刘邦。

【译文/点评】此以刘邦筑坛拜韩信为大将的典故，说明对重要人才要不拘一格予以重任的道理。后来也泛指人还没见建功立业，就先封官拜爵，意是批评。

**文武之功，未有不以得人而成者。**

【注释】出自宋·苏轼《省试策问三首》。以，因。者，句末语气助词。

【译文/点评】文治武功，没有不是因为得到合适的人才而成就的。此言统治者要想建立文治武功，必须要有杰出的人才襄助，意在强调杰出人才对于治国安邦的重要性。

**闻贤而不举，殆；闻善而不索，殆；见能而不使，殆。**

【注释】出自先秦《管子·法法》。殆（dài），危险。索，求。

【译文/点评】听说有贤才而不荐举、听说有善行的人而不访求、见到有贤能的人而不任用，这样就危险了。此言不能举贤、求贤、用贤，无论是于个人的修身养性，还是于国家的利益，都是有极大危害的。

**我劝大公重抖擞，不拘一格降人才。**

【注释】出自清·龚自珍《己亥杂诗》。天公，造物主，在此指最高统治者。抖擞，指振作。降人才，选拔人才。

【译文/点评】此乃诗人对清朝统治者发出的要不拘一格选拔人才的强烈呼声。

**无常安之国，无宜治之民。得贤者安存，失贤者危亡。**

【注释】出自汉·戴德《大戴礼记·保傅》。宜治，适于治理。

【译文/点评】天下没有常安的国家，也没有适宜于治理的民众。得到贤能之士治国理政，则国家就安定存在，失去贤能之士的辅政，则国家就有危亡之虞。这是强调举贤荐能、任人唯贤对于国家安危的重要性，今天看来仍是对的。

**西蜀地形天下险，安危须仗出群才。**

【注释】出自唐·杜甫《诸将五首》之五。出群才，出众之才、杰出人才。

【译文/点评】此言地形险要固然重要，但人才对治国安邦更为重要。

先有司，赦小过，举贤才。

【注释】出自先秦《论语·子路》。有司，指所属各相关部门主管官员。赦，赦免、原谅。过，过错。举，推举、推荐。

【译文/点评】先选定所属部门的主要官员，对他们工作中的小过错予以原谅，举拔贤能之才。这是孔子回答学生仲弓有关从政问题时发表的见解。"先有司"，即先物色主要工作班子骨干，以便开展工作；"赦小过"，即允许部下在工作中犯错，以便在工作中培养锻炼干部；"举贤才"，即培养后备干部。这一举才用人的原则，今天看来还是相当科学的，值得借鉴。

贤不肖不杂，则英杰至。

【注释】出自先秦《荀子·王制》。不肖，指不贤、不好。则，那么、就。

【译文/点评】贤士与小人、庸人区分开，不以同等待遇视之，那么英才就会来投效。此言对英才只有予以礼遇尊重，才能让其甘心效力。

贤君择人为佐，贤臣亦择主而辅。

【注释】出自明·冯梦龙《东周列国志》第十八回。佐，辅助。亦，也。

【译文/点评】此言用人者与被用者是一种双向选择的关系，被用者也不是完全处于被动地位。这与现代的人才观非常契合。

贤良之士众，则国家之治厚；贤良之士寡，则国家之治薄。

【注释】出自先秦《墨子·尚贤上》。则，那么、就。治厚，指治理得好。治薄，指治理得不好。

【译文/点评】贤良的人才多，那么国家就能治理得好；贤良的人才少，那么国家就难以治理好。此言国家的治理与人才的多寡有密切关系。

贤人不爱其谋，群士不遗其力。

【注释】出自晋·陈寿《三国志·魏书·武帝纪》裴松之注引《魏略》。爱，舍不得、吝啬。群士，指贤人。

【译文/点评】贤能之人不吝啬贡献他们的聪明才智，有能之士效劳不遗余力。此言用人的一种境界，即让大家都愿意竭尽全力效劳。

贤者举而尚之，不肖者抑而废之。

【注释】出自先秦《墨子·尚贤中》。尚，推崇。之，代词，指代前面所说到的人。不肖，指不贤的人。

【译文/点评】贤能的人推举而重用他，不贤的人罢免而不用他。此言用人要坚持"能者进、不肖者退"的原则。

限以资例，则取人之路狭；不限资例，则取人之路广。

【注释】出自宋·欧阳修《再论台官不可限资考札子》。限，限制。以，用。资例，资历、资格。人，此指人才。则，那么。

【译文/点评】此言选拔人才以资历或资格加以限制，那么选拔人才的路就窄了；反之，不以资历或资格为限，那么选拔人才的路就宽了。意谓不拘一格，才能真正将天下之才都选拔出来。

**小事糊涂，大事不糊涂。**

【注释】出自元·脱脱等《宋史·吕端传》。

【译文/点评】唐太宗李世民要用吕端为宰相，朝臣有人反对，认为吕端为人糊涂。于是唐太宗便说了这句评价宰相吕端的话，并力排众议而任之。从中可以看到唐太宗用人不重小节而重于大节的观念，表现出了一位明君贤主的任人气度。

**小知不可使谋事，小忠不可使主法。**

【注释】出自先秦《韩非子·饰邪》。知，通"智"。小知，指小聪明的人。小忠，指忠于私人而不忠于国家的人。主法，主管执法事务。

【译文/点评】此言只有小聪明而无大智慧的人不足以担当谋划大事的责任，眼中只有主子而无国家的人是不能担负执法重任的。意谓谋划大事要用有大智慧的人才，立法执法要用公正无私的人，这样才能保证执法中不徇私情，始终遵循国家利益至上的原则。

**新进之士喜勇锐，老成之人多持重。**

【注释】出自宋·欧阳修《为君难论下》。

【译文/点评】新提拔的官员都有勇于创新的特点，久在宦海中的官僚处事都比较谨慎稳重。此言新上任的官员与久在其位的官员在处事风格上的差别。俗语说"新官上任三把火"，说的是前者；"不求有功，但求无过"，说的则是后者。这两种官员在处事上都有优缺点，前者可能有急躁冒进、急于求成的弊端，后者则有保守无为的可能。因此，在任用人才时，需要考虑到这些因素，让不同特质的人处在他们最适宜的位置上，如此才能人尽其才，把事情办好。

**雄州雾列，俊采星驰。**

【注释】出自唐·王勃《滕王阁序》。雄州，言豫章（今江西南昌）是有名的大州。雾列，指幅员辽阔。俊采，指优秀人才。星驰，像星星一样闪动。

【译文/点评】此言豫章郡是一个幅员辽阔的名州，优秀人才非常多。

**宣父犹能畏后生，丈夫未可轻年少。**

【注释】出自唐·李白《上李邕》。宣父，指孔子。犹，还。畏后生，语出于《论语·子罕》载孔子语"后生可畏，焉知来者不如今也"。丈夫，指有识之士。

【译文/点评】连圣人孔子都知道敬畏年轻人，那么，如果他是有识见者，他还有什么理由轻视年轻人呢？此以孔子敬畏后生为例，说明有见识的人是不会轻忽年轻人的。意谓年纪大小与才能如何并没有直接关系。

**选士用能，不拘长幼。**

【注释】出自晋·陈寿《三国志·蜀书·秦宓传》。

【译文/点评】选拔人才、任用能人，不可拘泥于年龄的大小。此言选用人才要唯才是举，突破世俗的旧框框。

选贤之义，无私为本。

【注释】出自唐·李世民《答房玄龄请解仆射诏》。义，本义、原则。本，根本。

【译文/点评】选拔优秀人才的原则以无私公正为根本。此言选拔人才要出于公心，实事求是，唯才是举。

言过其实，不可大用。

【注释】出自晋·陈寿《三国志·蜀书·马良传》。

【译文/点评】这是刘备临终前对马谡的评价。意谓马谡是个夸夸其谈的人，表面看来非常有才华，其实是不堪大任的。这话后来为"失街亭"的事实所印证，让诸葛亮悔之莫及，也给后世之人如何用人留下了深刻的教训。

养猫所以去鼠，不可以无鼠而养不捕之猫；畜狗所以防奸，不可以无奸而畜不吠之狗。

【注释】出自宋·苏轼《上神宗皇帝书》。所以，是用以、目的是。以，因为。畜，养。奸，此指奸盗之人。吠，叫。

【译文/点评】养猫是用以去除老鼠的，不可以因为没有老鼠就养一些不捉老鼠的猫；养狗是用以防止奸盗之人的，不能因为没有奸盗之人而养一些不会吠叫的狗。此以养猫捉鼠、养狗防盗为喻，形象生动地阐明了一个养官用人的道理：国家既然太平无事，那就不应该养那么多无所事事、尸位素餐的闲官。如果一定要养某些官员，就应该让他们真正能为国家办事，为民造福，食君之禄，分君之忧。

**夜光不自献，天骥良难知。**

【注释】出自宋·苏轼《送程之邵签判赴阙》。夜光，指夜光珠。天骥，指千里马。良，确实。

【译文/点评】此言夜光珠与千里马都需要有眼光的人去发现，它们是不会自己告诉世人的。这是以夜光珠与千里马比喻杰出人才需要有慧眼之人发现推荐，才能为世所用。

**一夫得情，千室鸣弦。**

【注释】出自南朝宋·范晔《后汉书·循吏传》。一夫，指一个地方官。得情，指处理政事得当，深得民心。千室，指千家万户的百姓。鸣弦，弹琴，指生活安乐。

【译文/点评】此乃强调任命地方官得当对于造福一方的重要性。

**一年之计，莫如树谷；十年之计，莫如树木；终身之计，莫如树人。**

【注释】出自先秦《管子·权修》。之，的。计，计划、谋划。莫如，不如。树谷，种植谷物。树木，植树。树人，培养人才。

【译文/点评】"树谷"、"树木"关系到人的温饱生计，固然是重要的，但是相比于培养人才，则其重要性要轻得多。此是以"层递"修辞法，逐层铺垫，以强调人才培养在治国安邦方面独一无二的重要性。今日我们强调办教育的重要性时常说的一句名言"十年树木，百年树人"，即源于此。

**一人聪明而不足以遍照海内，故立三公九卿以辅翼之。**

【注释】出自汉·刘安《淮南子·修务训》。一人，指帝王。海内，代指天下。故，因此。三公，有多种说法，周代有两种说法，一指司马、司徒、司空，一指太师、太傅、太保。西汉时指大司马（太尉）、大司徒（丞相）、大司空（御史大夫）。明清时代指太师、太傅、太保。九卿，秦汉时代指奉常（太常）、郎中令（光禄勋）、卫尉、太仆、廷尉、典客（大鸿胪）、宗正、治粟内史（大司农）、少府。明清时代则有大小九卿之分。三公九卿，指代朝廷重要之臣。以，来。辅翼，辅佐。之，指帝王。

【译文/点评】帝王再聪明，也不能处理天下所有的事，所以要设立三公、九卿来辅助自己。此言做帝王的人最聪明的办法不是事必躬亲，而是善于任用人才，让天下英才为我所用，发挥大家的智慧，从而平治天下、经世济民。

**一人计不用，万里空萧条。**

【注释】出自唐·王昌龄《失题》。萧条，荒凉。

【译文/点评】中国有句古语"三军易得，一将难求"。战争中将帅的选用是胜败的关键所在。用错一人，导致战争的失败，便有"白骨蔽于野"、"万里空萧条"的后果。

**一人之身，才有长短，取其长则不问其短。**

【注释】出自宋·王安石《委任》。

【译文/点评】每个人都不是全才，用人之道在于用其所长，避其所短，不可求全责备。因为人非圣贤，天下岂有完人？执此理念，则必能人尽其才。

一个篮子里", 有异曲同工之妙。

**以贤临人, 未有得人者也; 以贤下人者, 未有不得人者也。**

【注释】出自先秦《列子·力命》。临人, 待人。下人, 敬人。……者也, 古代汉语判断句形式之一, 相当于"……是……"。

【译文/点评】以贤者自居, 得意傲人, 是不会求得人才的; 以贤能之德而谦卑待人, 是不会求不到人才的。此言求贤的态度非常重要。

**以众人之力起事者, 无不成也。**

【注释】出自先秦《管子·形势解》。以, 靠、凭借。之, 的。起事, 做大事。……者……也, 古代汉语判断句形式之一, 相当于"……是……"。

【译文/点评】依靠众人的力量做大事, 是没有不成功的。此言做大事必须充分发挥众人的积极性、整合大家的力量。用今天的话来说, 就是"人多力量大"、"众人拾柴火焰高"。

**役其所长, 则事无废功; 避其所短, 则世无弃材。**

【注释】出自晋·葛洪《抱朴子·务正》。役, 使用、发挥。则, 那么。

【译文/点评】发挥他的长处, 那么就没有做不成的事; 避开他的短处、不足, 那么天下就没有不可用的人才。此言用人扬长避短的重要性。

**因材任人，国之大柄；考绩进秩，吏之常法。**

【注释】出自宋·苏辙《梁焘转朝奉大夫》。因，根据。材，才。大柄，权柄。考绩，考察官员的政绩。进秩，晋升官职。

【译文/点评】根据才能而任命官员，这是行使国家权力的大事；考评官员的政绩而予以晋升，这是管理官员的常用方法。此言任命官员要因才录用，晋升官员要论功叙品。

**因其材以取之，审其能以任之。**

【注释】出自唐·吴兢《贞观政要·择官》。因，根据。其，他的。材，才能。审，考察。

【译文/点评】根据他的才能而录用他，考察他的能力而任用他。此言如何量才录用的原则。

**因任而授官，循名而责实。**

【注释】出自先秦《韩非子·定法》。因，根据。任，职任、任务。循，遵循。责，考察、要求。

【译文/点评】根据职任而授予官职，依据声望而考察其实际业绩。此言任用官员要根据实际需要，不能滥授官职；考察一个人有没有能力，不能仅根据其声望，还要考察其实际的工作业绩。

**英雄者，胸怀大志，腹有良谋，有包藏宇宙之机，吞吐天地之志者也。**

【注释】出自明·罗贯中《三国演义》第二十一回。……者，……也，古代汉语判断句形式之一，相当于"……

是……"。

【译文/点评】这是曹操与刘备"青梅煮酒论英雄"时对英雄所下的定义。意谓英雄人物既要有宏大的志向，也要有过人的智谋，更要有气吞山河的气势与魄力。

**用百人之所能，则得百人之力；举千人之所爱，则得千人之心。**

【注释】出自汉·刘安《淮南子·缪称训》。百人、千人，皆是虚指，泛指众人。所能，能力、长处。则，就。举，推举。所爱，所喜欢的人。

【译文/点评】善用众人的长处，就能得到众人相助的力量；重任众人所尊敬的人，就能赢得众人的心。此言如何用人所长、任人唯贤以争取人心、人力的道理。

**用得正人，为善者皆劝；误用恶人，不善者竞进。**

【注释】出自唐·吴兢《贞观政要·择官》载唐太宗语。为善者，指好人。劝，激励。不善者，指坏人。竞进，争相钻营求仕。

【译文/点评】用了一个正人君子，好人都会受到激励；用了一个奸邪小人，坏人都会争相钻营模仿。此言用什么样的人不仅直接关系任人的效果，还有一个导向问题，直接影响到官场风气。

**用人不求其备，嘉善而矜不能。**

【注释】出自宋·苏轼《湖州谢上表》。备，完美。嘉，表彰、鼓励。善，此指能力强的人。矜，怜悯、同情。不能，此指没有才能的人。

【译文/点评】任用人才不要求完美无瑕，对能力强的人要予以表彰鼓励，但对能力差的人也应予以同情、谅解。此言用人要有雅量，既要着眼大节而不拘一格地选拔与任用人才，也要奖优扶弱。

**用人不限资品，但择有材。**

【注释】出自宋·欧阳修《论学士不可令中书差除札子》。资品，资历。但，只。材，才、才能。

【译文/点评】此言选择任用人才不应该限于资历或品级，而只应根据其才能。今天我们反对任用人才时论资排辈的陋习，正和此理念相通。不过，在任何时代，不论资历而只看才能都只是一个理想，事实上做不到。正因为做不到，所以我们更应倡导，以期真正实现。

**用人不以名誉，必求其实。**

【注释】出自宋·欧阳修《太尉文正王公神道碑铭》。

【译文/点评】任用人才务必不要被其人所谓的名誉所影响，一定要详细考察其实际的才学。此言所谓的名誉是靠不住的，一个人的名誉好坏与其才干大小并不成正比例；用人是为了做事，因此用人应该以真才实学为第一考量。

**用人如用己，理国如理家。**

【注释】出自唐·元稹《遣兴十首》之七。

【译文/点评】此言任用人才与了解自己、扬己长才的道理是一样的，治国与理家的方法是相通的。

**用人惟其才，故政无不修；考绩必以岁月，故官不失绪。**

【注释】出自宋·苏辙《王存磨勘改朝散郎》。惟，只。故，因此。修，善、好、治理。考绩，考评政绩。以，按。绪，等级。

【译文/点评】用人只论其才能，所以政务没有处理不好的；按时考评官员的政绩，所以晋升官员的程序就有条不紊。此言要想行政有效率，就要任用有才能的人为官；要使晋升官员有依据，做到公平合理，就要按时对官员的政绩进行考评。

**用人无疑，唯才所宜。**

【注释】出自晋·陈寿《三国志·魏书·郭嘉传》裴松之注引《傅子》。

【译文/点评】任用人才要有坚定不移的诚意，只要用的人是确有其才，就是用对了。此言用人的基本原则是唯才是举、用之不疑。

**用人之道，要在不疑。**

【注释】出自宋·欧阳修《论任人之体不可疑札子》。之，的，道，方法。要，关键。

【译文/点评】任用人才的方法，关键是用而不疑。此言用人要有一颗诚恳不疑的心，这样所用的人才才会一心一意为其效力。否则，用人者三心二意，疑神疑鬼，不能放手让被用的人施展才干，事情肯定办不好。同时，被用的人因用人者对自己有疑虑，势必产生不被信任的屈辱感，如此做事势必就会三心二意，才不为其所用，事情也是办不好的。我们今日常说的"用人不疑，疑人不用"，正是这个意思。

**用人之际，革去旧例而惟材是择。**

【注释】出自宋·欧阳修《论契丹侵地界状》。

【译文/点评】此言在特殊情况下提拔任用人才，不能依循旧例，应该不拘一格，务求唯才是举，发挥作用。这与清人龚自珍"我劝天公重抖擞，不拘一格降人才"的观点不谋而合。

**用人之术，任之必专，信之必笃。**

【注释】出自宋·欧阳修《为君难论上》。术，方法、手段。笃，坚定。

【译文/点评】任用人才的方法是，任用一个人就一定要专心一意而不能三心二意，相信一个人就一定要坚定不移而不能疑神疑鬼。此言用人的方法，与"用人不疑，疑人不用"同义。

**用人之知去其诈，用人之勇去其怒，用人之仁去其贪。**

【注释】出自汉·戴圣《礼记·礼运》。知，通"智"。诈，欺诈。去，摒弃、扬弃。贪，此指滥、过分。

【译文/点评】任用有智慧的人，要注意发挥其机智的长处，去其因机智而可能衍生的奸诈因素；任用勇武的人，要充分发挥其勇气可嘉的优点，去其因血气之勇而容易动怒的缺点；任用仁德之人，既要看到其博爱天下的胸怀，也要防止其滥爱而纵容了恶人。此言任用人才要取其长而去其短，从而充分发挥所用人才的最大效益。

**用贤无敌是长城。**

【注释】出自唐·杜牧《咏歌圣德远怀天宝因题关亭长句四韵》。

【译文/点评】此言任用贤能之士治国安邦就像是修筑了一道坚不可摧的长城，天下无敌。意谓"用贤"远比筑城重要。

**用之则为虎，不用则为鼠。**

【注释】出自南朝宋·范晔《后汉书·窦融传》。之，指人才。则，就。

【译文/点评】此言一个人如果能被任用，他就能发挥出重要作用；不被任用，他就是一个非常平凡的人，做不出什么成就。此以虎、鼠为喻，说明这样一个任人的道理：再好的人才也是需适当任用才能发挥出其作用的。

**有非常之人，然后有非常之事；有非常之事，然后有非常之功。**

【注释】出自汉·班固《汉书·司马相如传》。非常之人，指杰出的人才。非常之事，指重大的事。非常之功，指巨大的功劳。

【译文/点评】此言才能超群的人，才能做出惊天动地的大事；有惊天动地的大事，才能成就盖世奇功。此以修辞学上的"顶真"修辞法，非常严密地阐述了人、事、功之间的关系。

有名而无实，则其名不行；有实而无名，则其实不长。

【注释】出自宋·苏轼《策别十二》。则，那么。

【译文/点评】徒有虚名而无实际能力或业绩的，那么他的好名声也不会流传下去；有实际能力或工作业绩而好名声没有传开的，那么会影响到他能力的发挥或工作业绩的继续。此言名与实两者相辅相成，二者不可偏废。


有贤而不知，一不祥；知而不用，二不祥；用而不任，三不祥。

【注释】出自先秦《晏子春秋·内篇谏下二》。任，信任。祥，吉祥。

【译文/点评】有贤才而不知道，这是一不祥；知道有贤才而不使用，这是二不祥；使用了贤才，但不信任他，这是三不祥。此言国君不知贤、不用贤、不任贤，都是不祥的预兆，是国家走向灭亡的诱因。


有贤而用，国之福也；有之而不用，犹无有也。

【注释】出自宋·王安石《兴贤》。……，……也，古代汉语判断句形式之一，相当于"……是……"。犹，像。

【译文/点评】有贤才而任用，这是国家之福；有贤才不用，就像是没有。此言治国安邦务须要充分任用贤才。


有贤豪之士，不须限于下位；有智略之才，不必试以弓马；有山林之杰，不可薄其贫贱。

【注释】出自宋·欧阳修《准诏言事上书》。下位，地位低下。弓马，指武功。山林之杰，指隐藏在社会底层的杰出人才。薄，轻视。

【译文/点评】是贤能之才，不能因为他地位卑下而不用；有智慧谋略之人，不能用是否能走马射箭的武功来考较要求；被埋没在社会底层或是遗落于世外的高人，不能轻视他们的贫贱身份而不用。此言选拔任用人才要有博大的胸襟，要有大格局，不能带有任何旧框框。否则，画地为牢，便不会选拔出真正优秀的人才。

**玉经琢磨多成器，剑拔沉埋便倚天。**

【注释】出自五代·王定保《唐摭言·慈恩寺题名游赏赋咏杂记》。倚天，指倚天之剑，即宝剑。

【译文/点评】玉经过打磨才能成器，剑从深泥沉埋中拔出而仍完好无损便是宝剑。此以玉、剑为喻，形象地说明了这样一个道理：真正杰出的人才是要经过磨炼甚至艰难的考验。今天我们选拔任用干部讲究资历，其实就是要求他们有一个完整的工作历练过程。

**渊深而鱼生之，山深而兽往之。**

【注释】出自汉·司马迁《史记·货殖列传》。之，此为处所代词，分别指代深渊与深山。

【译文/点评】此言水深才会有大鱼，山深才会有野兽。此言动物与环境的关系，引申之，也可以说明人才与其成长环境的关系。

**月明星稀，乌鹊南飞，绕树三匝，何枝可依。**

【注释】出自汉·曹操《短歌行》。乌鹊，即乌鸦。匝，周。依，栖。

【译文/点评】此写月夜乌鸦择枝而栖的情景。明里是写景，暗里则是寄托诗人渴望贤才、重整山河、成就大业的忧虑之情。乃借景抒情的绝妙好辞！

**云中白鹤，非燕雀之网所能罗也。**

【注释】出自南朝宋·刘义庆《世说新语·赏誉》。白鹤，此喻杰出人才。燕雀，喻指才能低下之辈。也：句末语气助词，帮助判断。

【译文/点评】高飞的白鹤，不是捕捉燕雀的罗网可以网罗得到的。此以张网捕鹤为喻，说明德能不足是难以网罗吸引到杰出人才为己所用的。

**宰相必起于州部，猛将必发于卒伍。**

【注释】出自先秦《韩非子·显学》。州部，指州一级行政单位。卒伍，指军队的基层。

【译文/点评】此言不论是选拔掌握国家行政大权的宰相，还是任命担负保卫国家安全重担的将领，都应该要求其有丰富的基层工作经验，有足够的工作历练。今日我们任用领导干部讲究其完整的工作经历，正是基于此用人理念。

**凿石索玉，剖蚌求珠。**

【注释】出自晋·陈寿《三国志·蜀书·秦宓传》。索，求。蚌，河蚌。

【译文/点评】凿开石头求玉，剖开河蚌取珠。此以从石中求玉、蚌中求珠为喻，说明寻求人才需要用心用力的道理。

**择天下之士，使称其职；居天下之人，使安其业。**

【注释】出自唐·韩愈《梓人传》。

【译文/点评】选拔天下的人才，授之以职，使他们人尽其才；安置天下之人，使他们根据各自的才干而安心于他们的本职工作。此言人才有层次，关键要使所任用的人才各称其职、人尽其能。

**择之以才，待之以礼。**

【注释】出自宋·苏洵《广士》。

【译文/点评】此言选拔人才以才能为标准，对待人才以礼为先。

**正则用之，邪则去之；是则行之，非则改之。**

【注释】出自宋·苏轼《论时政状》。则，就。

【译文/点评】正派的人就任用他，奸邪的人就换掉他；正确的就推行它，错误的就改正它。此言治国用人、处事的原则。

**只看后浪催前浪，当悟新人换旧人。**

【注释】出自宋·释文珦《过苕溪》。

【译文/点评】此言一个人只要观察一下后浪推前浪的自然现象，就应该领悟到老人要被年轻人所替代的道理。意在劝人要有前贤让后贤、奖掖后进的雅量。

**枳棘之林，无梁柱之质；涓流之水，无洪波之势。**

【注释】出自晋·陈寿《三国志·魏书·王脩传》裴松之

注引《魏略》。枳棘（zhǐ jí），落叶小灌木。涓流，非常细小的水流。

【译文/点评】灌木丛中是长不出可做栋梁之木的，细小的水流是掀不起汹涌的波涛的。此言杰出的人才是需要特定的环境才能造就得出的。

**志大而量小，才有余而识不足。**

【注释】出自宋·苏轼《贾谊论》。量，气度。识，见识。

【译文/点评】此言乃是苏轼评价汉代贾谊之语，认为贾谊虽然有志有才，但在器度、见识方面还有不足，故终究成不了大事。其意是说，杰出的人才应该是有志有才，也有不凡的气度，更有卓尔不群的过人识见。

**治国之难，在于知贤，而不在自贤。**

【注释】出自先秦《列子·说符》。贤，贤能的人。自贤，自以为是贤能的人。

【译文/点评】历史的经验与现实的教训，都清楚明白地昭示了这样一条颠扑不破的规律：称帝称王的，向来都不是最有能耐的人。用今天的话说，就是做领导的，往往都不是业务能力最强的人；业务能力最强的，往往只能为业务能力差的人所驱使。现实生活中，情况亦然，众所周知。刘邦是个地痞无赖，手无缚鸡之力，文不能运筹于帷幄，武不能冲锋陷阵，没有教养不说，脾气还坏得不行。结果，他却能驱使萧何、张良、韩信"天下三人杰"，称孤道寡，由此开创了汉代四百余年的基业。项羽虽是贵族出身，名门之后，又很能打仗，不仅力能扛鼎，还会出奇兵，用奇计，可谓智勇双全，他自己也自认是"力拔山兮气盖世"的盖世英雄。但是，结果却不仅没能称帝，一统天下，反而身死乌江，为天下笑。原因何在？关键就在于刘邦能够"知贤"，而项羽是"自贤"。"知贤"，就会知人善用，天下英雄为其驱使，自然就能称帝称王；"自贤"，就会自高自大，自以为是，刚愎自用，不能任用贤能，最终只能成了"孤家寡人"，成不了大事。因此，"治国之难，在于知贤，而不在自贤"，揆之于历史，察之现实，确为至理名言也。

**治世不得真贤，譬犹治病不得真药也。**

【注释】出自汉·王符《潜夫论·思贤》。真贤，真正杰出的人才。譬犹，好像。也，句末语气助词，帮助判断。

【译文/点评】治理国家得不到真正杰出的人才，就好比是治病没有得到有效的药一样。此以治病得药为喻，形象地说明了治国要用英才的道理。

**治世之能臣，乱世之奸雄。**

【注释】出自晋·陈寿《三国志·魏书·武帝纪》裴松之注引孙盛《异同杂语》。

【译文/点评】此乃汉末许子将评价曹操的话。孙盛《异同杂语》载其事曰："（太祖）尝问许子将：'我何如人？'子将不答。固问之，子将曰：'子治世之能臣，乱世之奸雄。'太祖大笑。"揆之曹操的一生作为与行事作风，应该说这是比较准确的评价。正因为如此，曹操才会大笑。

**治天下者，用人非止一端，故取士不以一路。**

【注释】出自宋·欧阳修《乞补馆职札子》。非止，不限于。一端，一个方面。故，因此。取士，指选拔人才。一路，一个方面、领域。

【译文/点评】此言治国安邦要任用各种各样的人才，因此选拔人才时就要着眼全局，选拔出来的人才不能都集中于某一个方面或领域。否则，国家急需某一方面的人才时，国无储才，就有危难之虞。用今天的观点看，凡是有一技之长者，都是人才，在特定的时候都能发挥其特定的作用。因此，用人要有大格局，储才要有长远的目光。

**致安之本，惟在得人。**

【注释】出自唐·吴兢《贞观政要·择官》载唐太宗语。致，达到。本，根本、关键。惟，只。

【译文/点评】此言要达到天下安定的目标，关键在于求得治国安邦的人才。

**致治在于任贤，兴国在于务农。**

【注释】出自晋·陈寿《三国志·魏书·杨阜传》。致，送达、得到。任，任用。贤，贤能之士。务农，从事农业生产。

【译文/点评】要想国家达到大治，就要举贤任能；要想国家兴盛，关键在于鼓励从事农业、发展生产。这是汉人杨阜关于治国安邦的见解，在中国封建社会可谓是真知灼见。因为举贤任能，才能使政治清明，施政不会失当；鼓励农耕，发展生产，人民才能温饱，社会才能安定。

**鸷鸟累百，不如一鹗。**

【注释】出自晋·陈寿《三国志·吴书·吕蒙传》。鸷鸟，凶猛之鸟。累百，成百、以百计。鹗，鱼鹰。

【译文/点评】凶猛的鸟再多，也抵不上一只鱼鹰。因为鱼鹰不仅凶猛，而且能够捕鱼。此以比喻修辞法形象地说明了一个道理：普通的人才再多，也抵不上一个杰出的人才有用。意谓人才在精不在多。

**智者尽其谋，勇者竭其力。**

【注释】出自唐·魏征《论时政第二疏》。

【译文/点评】让有智谋者竭尽心智，让有勇力者竭尽其力。此言为君用人的境界。

**置将不善，一败涂地。**

【注释】出自汉·司马迁《史记·高祖本纪》。置，设置、任命。将，将领。不善，不当。涂地，指肝脑流到地上。

【译文/点评】任用将领不当，战场上将会败得很惨。此言任用人才要得当的重要性。

**众恶之，必察焉；众好之，必察焉。**

【注释】出自先秦《论语·卫灵公》。恶，讨厌。之，他。必，一定。察，考察、探究。焉，代词，相当于"之"。好，喜欢。

【译文/点评】大家都厌恶他，一定要深究其中的原因；众人都喜欢他，一定要考察其中的缘故。这是孔子所提出的用人标准。即认为考察一个人不能以众人的是非标准为标准，应该自己认真考察，做出自己的判断。这个用人、察人的观点，今天看来仍是正确的。我们现在常说"真理往往掌握在少数人手里"，与此义同矣。盲目从众会误大事，盲目用人、察人也是如此。

**诛恶不避亲爱，举善不避仇雠。**

【注释】出自汉·谷永《说王音》。诛，惩罚。恶，恶人、犯罪之人。亲爱，指亲近的人、所爱的人。举善，举荐、任用良才。雠（chóu），仇敌、仇人。

【译文/点评】依法惩罚犯罪之人，不因为是自己所亲所爱之人就赦免或宽大；为国举才荐贤，不因为对方是自己的仇人就作罢。此言执法与举贤都是为国效劳，应该出于公心，不能徇私情。

**佐不务多，而务得贤俊。**

【注释】出自汉·刘向《说苑·尊贤》。佐，辅佐、辅助之人。务，追求、力求。贤俊，贤能卓越之才士。

【译文/点评】辅佐国政的人不追求人数众多，而应追求能够得到贤能卓越之才。此言贤俊人才对于治国安邦的重要性。

# 学习教育

**爱子，教之以义方，弗纳于邪。**

【注释】出自先秦《左传·隐公三年》。子，指子女。之，他们，指子女。以，用。义方，正确的方法、正道。弗，不。纳，接纳。邪，邪道、不好的东西。

【译文/点评】爱护子女，就应当用正确的方法教育他们，不让他们接受邪恶的东西。此言教育子女要善于正面引导，不使不良的东西影响他们。

**白发无情侵老境，青灯有味似儿时。**

【注释】出自宋·陆游《秋夜读书每以二鼓尽为节》。

【译文/点评】此言岁月不饶人，白发上头，但读书的兴味一点没有改变，仍像少年时代一样。这是诗人自道白发读书之乐的心境，表现出诗人一生好书的书生本色。

**百川学海而至于海，丘陵学山而不至于山，是故恶夫画也。**

【注释】出自汉·扬雄《法言·学行》。川，河流。至，到。是故，所以。恶（wù），厌恶。夫，那。画，此指停止。也，句末语气词。

【译文/点评】江河奔流不息而汇向大海，最终能够到达大海；丘陵有隆高之想，却不肯往上，终究长不成高山。所以，学习最忌讳的就是那种停滞不前的作风。此以百川归海、丘陵学山为喻，形象地说明了学有所成是需要持之以恒的努力，切不可停滞不前的道理。

**半亩方塘一鉴开，天光云影共徘徊。问渠那得清如许，为有源头活水来。**

【注释】出自宋·朱熹《观书有感二首》之一。鉴，镜。渠，它。那，哪。如许，如此、这样。为，因为。

【译文/点评】前两句写景，言池塘虽小，仅有半亩，但却清流深幽，天光云影都反映于其中。后二句是评论，说出了塘小而景美的原因：因为有活水从源头滚滚而来，故水清而深，能够映出天光云影。"清如许"，既指池水之清，也包含了池水深幽之意。因为若池水不深，则不能照出天光云影。如此写景与理趣配合，遂使平常的情事顿然有了盎然兴味，令人味之不尽。这是一层。还有一层，这里所说的"半亩方塘"，有隐喻"书本"之意，是诗所要表达的深层意蕴。也就是说，诗人所要写的并不是池塘之景，而是说读书明理的乐趣。这才是此诗令人玩味不已的真正原因所在。

**饱食、暖衣、逸居而无教，则近于禽兽。**

【注释】出自先秦《孟子·滕文公上》。则，那么。

【译文/点评】吃得饱、穿得暖、住得安逸而不接受教育，那么这种人活在世上就与禽兽差不多。此言意在强调学习对于人的重要性。

**饱食终日，无所用心，难矣哉！**

【注释】出自先秦《论语·阳货》。饱食，吃得饱。终日，整天。无所用心，不动脑筋、不思考问题。矣，语气助词。哉，感叹语气词，相当于"啊"。

【译文/点评】整天吃得饱饱的，什么也不想，要想有所成就，难啊！这是孔子教育学生的话。认为一个人生活条件优越，就会滋生懒惰思想，变得满足现状，不思进取，最终便无所成就。其意是劝人当奋发有为，逆境成才。这话在今天看来还是正确的人才培养观。

**抱关击柝，尚可自养而不害于学。**

【注释】出自宋·苏辙《东轩记》。抱关，守卫关塞。柝（tuò），巡夜打更用的梆子。击柝，打更。害，妨碍。

【译文/点评】即使是守卫关塞、巡夜打更之人，只要他有心学习，还可以自我修养而不妨碍学习进步。此言读书学习虽是一种有益的事，但关键还要看个人有没有主观能动性与自觉性。

**北人看书，如显处视月；南人学问，如牖中窥日。**

【注释】出自南朝宋·刘义庆《世说新语·文学》。牖（yǒu），窗。

【译文/点评】北方学者读书治学就像是从宽广开阔的地方看月亮，南方学者读书治学则像是从窗中窥视太阳。这是支道林比较南北学者读书治学的两种不同风格与境界。此言意思是说，北方学者读书治学有视野广阔的优点，但广博有余而精细不足；南方学者读书治学虽然视野没有那么宏大，只限于局部，但有小中见大，精确细致的一面。这种比较由于采用了比喻修辞法，显得非常生动形象，让人一听即印象深刻难忘。前句的"看书"与后句的"学问"，是运用"互文"法，"看书"与"学问"是同时关顾两句的。即前句"看书"中包括了"学问"，后句"学问"中包括了"看书"。

**鞭扑之子，不从父之教。**

【注释】出自汉·刘向《说苑·杂言》。从，听从。

【译文/点评】在鞭打之下长大的孩子，不会听从父亲的教导。此言教育子女仅凭体罚是无效的，应该重在言传身教，以关爱与引导为主。西方人喜欢讲"爱的教育"，中国人讲"激励教育"，都是从正面引导与教育的有效方法。

**博观而约取，厚积而薄发。**

【注释】出自宋·苏轼《杂说·送张琥》。

【译文/点评】博览群书而汲取其精华，注重知识积累而谨慎表露。此言读书应当广博，但要善于汲取其中的精华而为己所有，不能入宝山空手而归；高深的学问是靠日积月累而来，有了足够的知识积累，才能将自己的心得谨慎地表达出来。成语"博观约取"、"厚积薄发"，即渊源于此。

**博学而不穷，笃行而不倦。**

【注释】出自汉·戴圣《礼记·儒行》。笃行，坚定地实行。

【译文/点评】广泛地学习而没有穷尽之时，坚定地践行而孜孜不倦。此言是强调儒者对于治学、求道应有的态度。其所阐发的是学习无止境、实践不放松的思想，对我们今天读书治学、求索真理仍有很强的指导意义。

**博学而笃志，切问而近思，仁在其中矣。**

【注释】出自先秦《论语·子张》。博学，广泛地学习。笃，坚定。笃志，坚守志向。切问，恳切地提问。近思，考虑自己力所能及的事。矣，了。

【译文/点评】广泛地学习各种知识，坚守自己的志向，对于不懂的事要恳切地求教他人，并常常思考自己力所能及的事，那么仁德也就在其中了。这是孔子学生子夏的话，讲的是自我修养的四个方面。成立于1905年的中国著名高等学府复旦大学选取"博学而笃志，切问而近思"十个字为校训，至今仍激励着一代又一代的莘莘学子。

**博学之，审问之，慎思之，明辨之，笃行之。**

【注释】出自汉·戴圣《礼记·中庸》。之，指学习考察的对象。审问，详尽地询问。慎思，谨慎地思考。明辨，清楚地辨析。笃行，坚定地履行、实践。

【译文/点评】广泛地学习，以穷通天下古今之理；详尽地询问，以解决学习中的困惑；谨慎地思考，以防好高骛远之病；清楚地辨析，以免真伪的混同；坚定地践行，以学以致用，在实践中予以检验。这是孔子关于如何治学、求道的名言，与《论语·子张》篇中所说的"博学而笃志"意近。

**不愤不启，不悱不发。举一隅不以三隅反，则不复也。**

【注释】出自先秦《论语·述而》。愤，郁结于心，指思考问题不得其解而忧闷的样子。启，启发、开导。悱（fěi），想说而又说不出的难堪样子。隅（yú），角落、靠边的地方。一隅，此指一个方面。反，同"返"，此指回答。则，就。复，再、继续。也，句末语气助词。

【译文/点评】学生不到苦思冥想而不得其解的忧闷之时，别去启发他；不到欲说还休、欲言又止的窘迫之时，别去开导提示他。跟他讲了一个方面，他不能由此及彼地类推到其他方面，就不要再教他了。这是孔子对自己教学方法的一个总结，今天仍是一笔珍贵的教育学遗产。我们现在所说的"启发式教育"，就是源于此。成语"举一反三"、"触类旁通"，也是源于此。

**不教而杀谓之虐，不戒视成谓之暴。**

【注释】出自先秦《论语·尧曰》。虐，残酷、虐待。不戒，指不事先教育、提醒。视成，看着成功。

【译文/点评】不对他人进行教育而只行杀戮，这叫残虐；不事先告诫而只希望看到他人做成事情，这叫横暴。此言教育可以起到防患于未然的效果。

**不能则学，不知则问。虽知必让，然后为知。**

【注释】出自汉·韩婴《韩诗外传》。则，就。虽，即使。必，一定。让，谦让。知（最后一个），通"智"。

【译文/点评】不会的就学习，不知道的就问。即使已经明白了，也一定要有谦让的态度，然后才算是真正明白道理的智者。此言勤于学习、不耻请教、虚怀若谷对于成为博学多能的智者的重要意义。

**不祈多积，多文以为富。**

【注释】出自汉·戴圣《礼记·儒行》。祈，祈求。积，指积累财物。

【译文/点评】不祈求多积累财物，而是以知识渊博为富有。此言意在倡导重视读书学习，看淡钱财身外之物。

**不取亦取，虽师勿师。**

【注释】出自清·袁枚《续诗品三十三首·尚识》。

【译文/点评】此言向别人学习，既要取法于他，又不可全盘接受；以别人为师，既要向他学习知识，又不可毫无疑义地照单全收。意谓跟人学习，要汲取别人说得合理的知识与见解，批判扬弃其不合理的见解。也就是要有独立的思考，这样才能学到真正有益的知识。

**不学面墙，莅事惟难。**

【注释】出自先秦《尚书·周官》。莅（lì），临、到。惟，则。

【译文/点评】此言人不学习，如同面墙而立，难以跨出远步。那么事到临头则难以解决了。此言加强学习才是提高解决问题的能力之唯一途径。

**不学亡术，暗于大理。**

【注释】出自汉·班固《汉书·霍光传》。亡，同"无"。

【译文/点评】没有学问，没有能力，是难以明白大的道理的。此言学习是明理的前提。

**不言而信，不怒而威，师之谓也。**

【注释】出自汉·韩婴《韩诗外传》。谓，叫。也，句末语气助词，帮助判断。

【译文/点评】不必说话就会使人产生信任感，不必发怒就让人心生敬畏之意，这就叫老师。此言师有师道，要做一个令人尊敬的老师就应该表率其身、言传身教，让学生打心眼里佩服。这样，自然会有"不言而信，不怒而威"的效果了。

**不一则不专，不专则不能。**

【注释】出自宋·苏轼《应制举上两制书》。则，就。

【译文/点评】不专攻一艺就不能成为专家，不能成为专家也就难于将事做好。此言学业要有专攻，才能学有所成。

**藏书万卷可教子，遗金满籝常作灾。**

【注释】出自宋·黄庭坚《题胡逸老致虚庵》。籝（yíng），竹筐。

【译文/点评】此言教子读书可以使其上进，可保家泽绵延长久；而遗下万贯家财给子孙，不仅无益子孙上进，反而招致灾祸。此言意在强调对于子孙的爱应重在教育的思想。此语乃是化自《汉书·韦贤传》所引谚语"遗子黄金满籝，不如一经"。

**常玉不琢，不成文章；君子不学，不成其德。**

【注释】出自汉·班固《汉书·董仲舒传》。文章，指玉上的花纹。君子，此指有地位的人。

【译文/点评】平常的玉石，如果不加以雕琢打磨，就不会有光彩照人的花纹；有地位的人如果不注意学习，就不能使自己的道德臻至完美。此言以打磨玉石为喻，说明君子需要学习才能完善道德修养的道理。

**慈母有败子，小不忍也；严家无悍虏，笃责急也。**

【注释】出自汉·桓宽《盐铁论·周秦》。败子，败家之子。小，指细小的过失。不忍，指不忍心责罚。也，句末语气助词。严家，严格的家庭。悍，凶狠、强悍。虏，此指奴仆、下人。笃，通"督"，督促。责，要求。急，紧。

【译文/点评】慈祥的母亲会教出败家之子，因为孩子小的过失她不忍心责罚；严格的家庭不会有凶悍难以节制的奴仆，因为主人督促、要求很紧。此言家庭教育要从严，切不可放任自流，否则小时不教，大时无可救药。

**大道以多歧亡羊，学者以多方丧生。**

【注释】出自先秦《列子·说符》。以，因为。歧，岔路。方，方法、学说。生，本性。

【译文/点评】大道因为岔路太多而使羊迷失了路径而走失，治学的人因为学说或方法太多无所适从而迷失了本性或自我。此以大道多歧而亡羊为喻，形象地说明了学说或方法太多对学者治学的负面影响。意在强调学者应该有独立思考、辨别正伪的能力。

**导人必因其性，治水必因其势。**

【注释】出自汉·徐幹《中论·贵言》。导，教导、教育。必，一定。因，根据。

【译文/点评】教导人、引导人要根据其性情特点，就像治水一定要根据地势高低特点而予以疏导一样。此以"治水"比喻"导人"，生动形象地说明了这样一个道理：人的性情各不相同，因此教育方法也要有所不同。

**得其大者可以兼其小，未有学其小而能至其大者也。**

【注释】出自宋·欧阳修《易或问三首》。兼，兼顾、覆盖。至，到达。……者也，古代汉语判断句形式之一，相当于"……是……"。

【译文/点评】大的方面把握了，小的方面也能覆盖得到；相反，着眼于小的方面，而想把握住大的方面，那就不易了。此言做学问要着眼于大的方面，立意要高，眼光要高。

**德无常师，主善为师。**

【注释】出自先秦《尚书·咸有一德》。常，固定。

【译文/点评】修养道德是没有固定的导师的，主要是以有善德的人为师。此言修德不必拘泥于形式，关键要有一颗上进的心，对有德之人常怀一份崇敬之情。

**弟子不必不如师，师不必贤于弟子。闻道有先后，术业有专攻，如是而已。**

【注释】出自唐·韩愈《师说》。弟子，学生。不必，不一定。贤于，超过、胜于。如是，如此。

【译文/点评】学生不一定不如老师，老师也不一定就胜过学生。只是学习道理、接受教育有先后之别，各人有自己专门的钻研，各有所长。如此而已，别无他因。此言做老师的要有自知之明，不可自以为是，处处摆老师的架子，而应该虚心向他人学习，甚至要有向学生学习的雅量。否则，必然固步自封，不能进步，就难以为人之师了。

**独学而无友，则孤陋而寡闻。**

【注释】出自汉·戴圣《礼记·学记》。则，那么。陋，浅陋。

【译文/点评】独自学习而无切磋交流的学友，那么势必会识见浅陋、见闻不广。此言学习过程中注意交流切磋是一种提升学习效果的重要途径。今日我们开各种学术会议，其意正是为了以文会友、交流切磋学习研究的心得，从而求得共同提高。

**读书百遍，而义自见。**

【注释】出自晋·陈寿《三国志·魏书·王肃传》裴松之注引《魏略》。百遍，是虚指，指很多遍。

【译文/点评】此言书多读几遍，不必别人讲解，其中的含义也能领悟得出来。这是中国古代强调通过多读而领悟所学内容的教学方法，也有一定的道理。

**读书本意在元元。**

【注释】出自宋·陆游《读书》。元元，百姓。

【译文/点评】此言读书要经世致用，要对天下苍生有益。意谓不要死读书，要活学活用，要对天下的经济民生有益，要造福于人民。

**读书破万卷，下笔如有神。**

【注释】出自唐·杜甫《奉赠韦左丞丈二十二韵》。万卷，是夸张，极言其多。有神，有神助。

【译文/点评】此二句虽是杜甫自述早年博学多才、下笔万言之言，但由此阐明了一个读写关系的道理：只有平时多读书，才能在写时文思如泉涌。

**读书万卷始通神。**

【注释】出自宋·苏轼《柳氏二外甥求笔迹》。

【译文/点评】此言只有书读得多，才能真正有所领悟，在融会贯通中学有所成。

**读书以过目成诵为能，最是不济事。眼中了了，心下匆匆，方寸无多，往来应接不暇，如看场中美色，一眼即过，于我何与也。**

【注释】出自清·郑燮《潍县署中寄舍弟墨第一书》。过目成诵，看一遍就能背得下来。不济事，没用处。了了，明白。方寸，此指体会、心得。场中，指游戏场。何与，什么意义。也，句末语气助词。

【译文/点评】此以看游戏场中美女的感觉为喻，说明了这样一个道理：读书不求甚解、匆匆而过，没有自己的思考与心得，那是毫无用处的。

**读书之法，莫贵于循序而致精。**

【注释】出自宋·朱熹《性理精义》。

【译文/点评】此言读书的方法，最为有效的是循序渐进，最终达到精通的境界。意谓读书不能急躁冒进，切忌贪多图快、浮泛而不精通。

**读书之乐乐陶陶，起弄明月霜天高。**

【注释】出自宋·翁森《四时读书乐》。乐陶陶，非常快乐的样子。弄，玩。

【译文/点评】此言披星戴月、冲寒冒暑读书不以为苦反以为乐的积极心态。

**儿孙自有儿孙福，莫与儿孙作远忧。**

【注释】出自元·关汉卿《包待制三勘蝴蝶梦杂剧》楔子。莫，不要。与，给。

【译文/点评】此与"儿孙自有儿孙计，莫与儿孙作马牛"同义，也是讲如何培养子女的独立性与自我能力的培养问题。

**儿孙自有儿孙计，莫与儿孙作马牛。**

【注释】出自宋·徐守信《绝句》。计，打算、计划。莫，不要。与，给。

【译文/点评】此言教育子女要培养其独立自主的能力，不必事事包办。那样既苦了自己，又害了子孙，使他们得不到独立锻炼与培养能力的机会。这种培养子女的观念与现代西方人的观点完全一致，西方人在孩子十八岁时就放飞他们，正是基于这种理念。

**耳限于所闻，则夺其天聪；目限于所见，则夺其天明。**

【注释】出自明·王夫之《读通鉴论》卷十。则，那么、就。天聪、天明，指天然的聪明禀赋与资质。

【译文/点评】仅限于亲耳所闻、亲眼所见的东西，那么就会使天生的聪明资质受到限制而得不到充分发挥。此言一个人除了要重视亲自实践的直接经验，还应该重视从读书中获取有益的间接经验。这个观点是正确的，人类之所以会一代比一代聪明，社会发展之所以一代比一代快速，其根本原因就是后人不断地从前人实践所获得的经验中学习到了许多有益的东西，不必再亲自实践与摸索一次，这就是间接经验对于人类发展的作用。读书明理、读书获知，正是接受前人间接经验最便捷的方式。

**发愤忘食，乐以忘忧，不知老之将至。**

【注释】出自先秦《论语·述而》。发愤，决心努力。以，而。之，放在主谓语之间，是为取消句子的独立性。至，到。

【译文/点评】学习、工作发愤努力起来可以忘了吃饭，一旦有所领悟、有所收获便会忘了一切忧愁，甚至连老境将至也察觉不到。这是孔子自述其人生态度的话。这是一种奋发进取、乐观积极的人生态度，曾经激励过中国历史上无数的志士仁人，今天对我们仍有指导借鉴意义。

**凡学之道，严师为难。**

【注释】出自汉·戴圣《礼记·学记》。严师，尊敬老师。

【译文/点评】大凡学习的方法，是以尊敬老师为难点的。此言尊师是学有所成的关键所在。此话是有一定道理的，因为一个学生如果不打心眼里尊敬他的老师，他就听不进老师的教导，那么学习效果肯定会大打折扣。如此，何以能够学有所成呢？

**非其地，树之不生；非其意，教之不成。**

【注释】出自汉·司马迁《史记·日者列传》。非，不是。树，种植。意，情趣。

【译文/点评】不是适合的土地，种植了谷物或植物也不长；不符合他的情趣，教育他也没有成效。此以种植为喻，说明教育要因材施教，要针对受教育的志向与情趣进行有的放矢的教育。

**非其人而教之，赍盗粮、借贼兵也。**

【注释】出自先秦《荀子·大略》。赍（jī），把东西送给别人。也，句末语气助词，帮助判断。

【译文/点评】不是应该教育的人而教育了他，就好比是赠强盗以粮食、借敌人以兵器一样。此言教育要看清对象，要让知识被走正途的人所掌握，而不能让奸邪之徒所掌握。否则，就等于授邪恶之人以利器，伤人必多矣。

**夫民，衣食不足则不暇治礼义，而饱暖无教，则又近于禽兽。**

【注释】出自宋·朱熹《四书集注·孟子·梁惠王上》注语。夫，发语词，无实在义。则，那么、就。不暇，没时间。无教，不教育。

【译文/点评】老百姓在温饱没有解决之时，他们就不会学习或讲究礼义；而当他们温饱问题解决之后，统治者不去教育他们，那么就会使他们近于禽兽了。此言治国安邦的首要之务在于解决人民的温饱问题，然后就要重视对他们的教育问题，使他们知书达理，提升文化水平，从而整体提升国民素质。

**父母威严而有慈，则子女畏慎而生孝矣。**

【注释】出自北齐·颜之推《颜氏家训·教子》。慈，慈爱。则，那么。畏慎，畏惧、谨慎。矣，句末语气助词。

【译文/点评】父母有威严也有慈爱，那么子女就会畏惧、谨慎而生孝顺之心。此言孝子是靠严格而慈祥的方法培养出来的，不是一味溺爱就能教育出来的。此言教育子女要恩威并施。用今天的话来说，就是要大棒与胡萝卜并用。这样教育出来的孩子才能对父母既有敬畏之情，又有亲近之感。这一培养子女的原则，今天看来还是颇有道理的，值得我们重视。

**父母之爱子，则为之计深远。**

【注释】出自汉·刘向编《战国策·赵策四》。之，放在主谓语之间，取消句子的独立性。子，指子女。则，就。之（第二个），他们，指子女。计，考虑、谋划。

【译文/点评】父母如果真的爱护子女，就应该为他们考虑得深刻长远。此言父母教育子女要着眼于长远，有意识地培养子女的能力，甚至可以让他们吃苦受锻炼，切不可一味溺爱。

**富贵必从勤苦得，男儿须读五车书。**

【注释】出自唐·杜甫《柏学士茅屋》。必，一定。五车书，代指极多的书。

【译文/点评】前句说富贵来源于勤苦，这与我们今天所说的"劳动致富"意思相通；后句说男儿要大量读书，与我们今天强调博览群书的意思相通。虽然杜甫勉励世人勤苦读书有鼓吹做官发财的封建色彩，但强调勤奋刻苦、博览群书，在任何时代都不是什么坏事，还是有利于社会与人生的。

**古人学问无遗力，少壮工夫老始成。**

【注释】出自宋·陆游《冬夜读书示子聿》。

【译文/点评】此言古人学问高深者都是平时学习不遗余力的，要想老有所成，那么少壮时代就要努力。意在鼓励其子要趁年轻之时努力学习、心无旁骛，以期日后学有所成。

**古者易子而教之，父子之间不责善。责善则离，离则不祥莫大焉。**

【注释】出自先秦《孟子·离娄上》。古者，古代的人。易子，交换孩子。责善，要求好。离，隔离、隔阂。则，就。焉，句末语气助词。

【译文/点评】古代的人都是交换孩子而教育，这是为了避免父子之间因相互求其好而生埋怨。相互求其好，就会互相责备而感情有隔阂，感情有了隔阂，这就是父子间最大的不幸了。这是孟子关于如何教育子女的名言。事实证明孟子的这种见解是正确的，因此今天我们很多人仍然坚持"易子而教"的教育理念。

**古之学者必严其师，师严然后道尊。**

【注释】出自宋·欧阳修《答祖择之书》。严，此指尊敬。

道，指老师传授的学说思想。

【译文/点评】古代学习的人一定都非常尊敬他们的老师，因为老师有威信，他所传授的学说思想才能得到尊重。此言尊师与传道的关系。

**故书不厌百回读，熟读深思子自知。**

【注释】出自宋·苏轼《送安惇落第诗》。故书，旧书。子，古代对男子的尊称，相当于我们今天所说的"您"。

【译文/点评】对于以前所读过的书不妨再多读几遍，读熟了就自然明白了其中的深义奥旨。这是苏轼劝说朋友之言，也是指导朋友如何读书的经验之谈，体现了古人对于读书方法的共同体认，这便是古人常说的"书读百遍，其义自见"。

**观书贵要，观要贵博。博而知要，万流可一。**

【注释】出自南朝宋·颜延之《庭诰》。要，要点、重点。

【译文/点评】读书贵于抓住要点，抓住要点则需要博学多知。博学而能抓住重点，那么所掌握的各种知识就可以融会贯通，从而形成自己完整的知识体系。此言如何读书抓住要点，并开阔视野，如何融会贯通，最终建立自己独立完整的知识体系的方法。

**观天下书未遍，不得妄下雌黄。**

【注释】出自北齐·颜之推《颜氏家训·勉学》。不得，不能、不可。雌黄，矿物名，可作颜料，古代用以涂改文字，后引申为信口更改、随便乱说。

【译文/点评】此言没有读够一定数量的书，对前人的见解没有彻底了解，是不能随便乱下结论、乱发议论的。意谓书要多读、话要谨慎；应当谦虚向学，不可妄自尊大。

**国之将兴，尊师而重傅。**

【注释】出自汉·班固《汉书·萧望之传》。傅，指传授技艺的人，此与师同义，也指老师。

【译文/点评】一个国家将要兴盛，一定会尊重老师的。此言尊师重教对于国家兴盛的重要性。

**海以合流为大，君子以博识为弘。**

【注释】出自晋·陈寿《三国志·蜀书·秦宓传》。以，因为。合流，汇合众多河流。弘，大。

【译文/点评】大海因为汇合了众多河流而变得广阔无边，君子因为学识渊博而胸襟阔大、志向恢宏。此以海纳百川为喻，说明君子应该博学的道理。

**好读书，不求甚解。**

【注释】出自晋·陶渊明《五柳先生传》。

【译文/点评】此乃陶渊明自言读书的方法：喜欢读书，但不拘泥于表面的字句，而是追求精神实质的领会。这种读书方法，本来是一种非常高的境界。后来语义有了演化，现在多指读书只求了解个大概，不做深入研究。语义由原来的褒义变成了贬义。成语"不求甚解"，现在多取此贬义。

**好问则裕，自用则小。**

【注释】出自先秦《尚书·仲虺之诰》。则，就。裕，丰富。自用，自以为是。

【译文/点评】有疑就问，那么学问就会越来越渊博；自以为是，那么知识就会越来越贫乏。此言意谓学习上要有谦虚好问的雅量，切不可自以为是、固步自封。

**惑而不从师，其为惑也，终不解矣。**

【注释】出自唐·韩愈《师说》。惑，困惑。从，跟随、请教。也，句末语气词，帮助判断。矣，句末语气词，相当于"了"。

【译文/点评】学习中有困惑，如果不请教老师，那么困惑永远都是困惑，始终是解决不了的。此言学习中遇到困惑及时请教老师的重要性，同时也强调了老师对学生学习予以指导的作用。

**积财千万，无过读书。**

【注释】出自北齐·颜之推《颜氏家训·勉学》。

【译文/点评】积累财富千万，也胜不过多读些书有用。此言意在强调读书以立世的重要意义。古代有"书中自有黄金屋，书中自有颜如玉"的说法，意谓读好书就能财源滚滚、美女满室。当然这是不健康的封建思想，但在封建社会，这倒也是客观的社会现实。比方说，封建时代考中状元、进士，就可做官，自然钱财、美女都在其中矣。就现代来说，读书虽不是追求这些，但读书可以明理，读书可以学习知识技能，可以提升人的素质，这也足可以帮助一个人立身处世了。至于现在我们所大肆宣扬的"知识经济"论，其意无非是要通过一定的手段将知识转换成金钱，这与颜之推这句话的内涵又有何区别？可见，颜之推的这句话在现代仍然没有过时，仍然值得我们思考。

**疾学在于尊师。**

【注释】出自先秦·吕不韦《吕氏春秋·孟夏纪·劝学》。疾学，学得快。

【译文/点评】要想学得快，关键在于对老师有尊崇之心。此言学习时要有虚心尊师的心情，不然就难以听进老师的教导，学习效果肯定不好。这是非常有道理的，如果没有对学问的敬畏之心，没有对老师的尊敬之意，他必然会把老师的话当作耳边风，不会在心里引起重视，那么学习效果自然不会好。

**记问之学，不足以为人师。**

【注释】出自汉·戴圣《礼记·学记》。记问，指记诵以备询问。

【译文/点评】只能记诵一些经典以备学生询问，这样是不足以做老师的。此言死记教科书并不是好老师。意谓为人师要有自己的思想，要有自己治学做人的独到心得，这样才能因材施教，教而成才。

**寂寂寥寥扬子居，年年岁岁一床书。**

【注释】出自唐·卢照邻《长安古意》。扬子居，指汉代扬雄的居所。

【译文/点评】此句虽是追忆汉代学者扬雄闭门著书的往事，也是借古写今，描写自己的生活现状，真切生动地再现了一个深居简出、潜心读书的书生形象。"寂寂寥寥"与"年年岁岁"两个叠字词组的运用，前者突出了读书住所的安静之状，后者强调了读书时间持续之久。

**见不尽者，天下之事；读不尽者，天下之书；参不尽者，天下之理。**

【注释】出自明·冯梦龙《警世通言·王安石三难苏学士》。者，句中语气助词，帮助停顿，构成古汉语的判断句式。

【译文/点评】一个人见识再广，也不能尽知天下之事；一个人再博学，也不可能读尽天下之书；一个人再聪明睿智，也不能参透天下所有的道理。此言意在劝勉世人要不断学习，不可固步自封，自以为是。

**建国君民，教学为先。**

【注释】出自汉·戴圣《礼记·学记》。君民，做人民之君，即管理人民。

【译文/点评】建立国家、统治人民，要以教化百姓、培养民众好学之风为当务之急。此言教育与学习对于立国、治民的重要作用。

**讲之功有限，习之功无已。**

【注释】出自清·颜元《颜李遗书·总论诸儒讲学》。

【译文/点评】靠老师讲授而获取知识的功效是有限的，靠自己学习而获取知识的空间是无限的。此言意在强调学习要靠自己，不能寄望于老师。

**教妇初来，教儿婴孩。**

【注释】出自北齐·颜之推《颜氏家训·教子》引谚语。

【译文/点评】教育媳妇，要趁她刚嫁到婆家之时；教育孩子，应当赶在孩提时代。此言教育要掌握最适宜的时间才会有效果。

**教化之本，出于学校。**

【注释】出自宋·苏洵《议法》。之，的。本，根源。

【译文/点评】教育感化人的本源出自于学校。此言学校教育对于造就、改造一个人的重要性。

**教人为学，不可执一偏。**

【注释】出自明·王守仁《传习录》。

【译文/点评】此言教导学生学习，不能局限于某一个方面。意谓要培育学生全面发展。这一教学思想与今天我们学校教育所倡导的教育方针是一致的。

**教人至难，必尽人之材，乃不误人。**

【注释】出自宋·张载《语录抄》。至，最。必，一定。乃，才是。

【译文/点评】教育他人是最难的事，一定要使被教育者彻底发挥出其长处，这才算不误人子弟。此言为人师之难，强调教育要因材施教的意义。

**教人治人，宜皆以正直为先。**

【注释】出自宋·王安石《洪范传》。教人，指做老师。

治人，指做官。宜，应该。

【译文/点评】无论是为人之师，还是做一方官员，都应该把做人正直放在首位。此言"正直"乃是做人的根本。教育人目的应该帮助人们确立正直的人格观，治民的目的应该使人民正直守法。如此，人的素质提高了，天下自然会太平。

**教学相长。**

【注释】出自汉·戴圣《礼记·学记》。

【译文/点评】此言教与学是个相互促进的过程。此与《礼记·学记》的另一句话"学，然后知不足；教，然后知困"是互为表里的。

**教学之法，本于人性，磨揉迁革，使趋于善。**

【注释】出自宋·欧阳修《吉州学记》。之，的。本，根据。磨，磨炼。揉，搓揉。迁革，改变。

【译文/点评】教学的方法，要根据人的本性，对其进行磨炼改变，使其趋向于善的方面。此言教学的最终目标是根据人的本性，采取恰当的方法对学生品德进行打磨，改变其人性中不好的方面，使其趋向于善。

**借听于聋，求道于盲，虽其请之勤勤，教之云云，未有见其得者也。**

【注释】出自唐·韩愈《答陈生书》。借听，打听。求道，问路。其，指打听、问道的人。之，置于主谓之间的取消句子独立性的结构助词。勤勤、云云，皆指"多"的意思。者也，句末语气助词，帮助判断。

【译文/点评】向聋子打听事情，向瞎子问路，虽然求教次数很多，聋人盲人回答得也很详细，但很少能见出有什么效果。此言学习求教要看清对象，要向有造诣的人求教才能学有所得。

**尽信书，不如无书。**

【注释】出自先秦《孟子·尽心下》。尽信，完全相信。书，指《尚书》。

【译文/点评】完全相信《尚书》上所说的，那还不如没有《尚书》。这是孟子关于如何读上古典籍《尚书》的观点。其意在于强调读古人的书要学会分辨真伪是非，不可拘泥于书上的文字，更不可完全相信书上所说的一切。后来"书"泛化成一切之书，其所包含的哲理就更明显了。这种读书的方法与观点，今天对我们仍然有益。

**经师易求，人师难得。**

【注释】出自唐·令狐德棻等《周书·卢诞传》。经师，指精通儒家某一经典的老师。人师，指能教学生如何做人的老师。

【译文/点评】此言为人之师有两个境界，一是传授某一方面的知识或技能，一是善于循循善诱、教导学生做一个合格之人。前者易于做到，后者难以企及。意谓在教书育人的过程中，育人比教书更难，也更重要。今天学校教育提倡"教书育人"并重，也正是因为认识到了"育人"的重要性。

**旧学商量加邃密，新知培养转深沉。**

【注释】出自宋·朱熹《鹅湖寺和陆子寿》。旧学，指已经掌握的知识。商量，讨论。邃（suì）密，深邃精密。转，更加。深沉，深刻。

【译文/点评】通过与友人讨论切磋，对已有知识的把握更加深邃精密了，对吸收到的新知识的理解也更加深刻了。此言切磋讨论对于学习有"温故知新"的作用。

**君子博学于文，约之以礼，亦可以弗畔矣夫。**

【注释】出自先秦《论语·雍也》。君子，指有道德修养的人。博学，广泛地学习。于，对于。文，指古代典籍文献。约，约束。之，他。以，用。亦，也。弗，不。畔，通"叛"，背叛。矣、夫，皆句末语气助词。

【译文/点评】君子对于古代典籍文献进行广泛的学习，用礼约束自己的言行，也就不至于做出离经叛道的事来了。这是孔子对"学文"（学习古代典籍文献）目的的见解，也是他想通过教育年轻人"学文"以复兴周公礼法的一个手段。

**君子不器。**

【注释】出自先秦《论语·为政》。君子，这里是指有才学者。

【译文/点评】君子不应该成为一个容器，仅局限于容器中所有。这是孔子以比喻修辞法，阐明治学不应局限于某一个方面，要有博古通今的大格局的道理。这个道理，在今天仍然是正确的。因为一个人如果眼界太小，知识面太狭窄，他的见识肯定不会大到哪儿，更不会有创新的思想或作为。这已被无数的历史事实所证明。大凡是大师、大家，必然是淹通古今、视野广阔的博学饱学之士。

**君子于其所不知，盖阙如也。**

【注释】出自先秦《论语·子路》。君子，有道德的人。于，对于。其，他。盖，句首发语词，无实在义。阙，通"缺"，即缺而不言、存疑。如，形容词词尾，表示"……的样子"。也，句末语气助词。

【译文/点评】君子对于他所不知道的东西，就姑且存疑，不乱发表意见。这是孔子教育学生子路的话，与其"知之为知之，不知为不知，是知也"的名言同义，都是劝人不要不懂装懂，更不要不懂而乱发表意见。这种求真务实的学风，是任何时代都应该提倡的。

**君子之学，或施之事业，或见于文章。**

【注释】出自宋·欧阳修《薛简肃公文集序》。

【译文/点评】此言君子的学问或用于造福国家社会的实务之上，或将之形成文字写入文章之中以传授给后学。意谓君子的学问不能只利己，而应利国利民利他人。也就是说，要将学问视为天下公器。

**君子之学也，其可一日而息乎？**

【注释】出自宋·欧阳修《杂说三首》。之，结构助词，放在主谓语之间，取消句子的独立性。也，句中语气助词，帮助停顿。其，指示代词，指称前面的结构成分。息，停止。乎，疑问代词，相当于"吗"。

【译文/点评】此言君子对于学习是一天也不放松的。意谓学习是君子道德文章修炼的手段，强调的是学习对于提高人的道德修养、知识水平的重要性。

**君子之于子，爱之而勿面，使之而勿貌，导之以道而勿强。**

【注释】出自先秦《荀子·大略》。君子，此指善于教育孩子的人。之（第一个），放在主谓语之间，取消句子的独立性。之（后三个），他，指孩子。勿面，不表现在脸上。使，使用、重任。勿貌，不表现在言语外貌上。导，引导、教导。以，用。道，道理。强，勉强、强迫。

【译文/点评】善于教育孩子的人，爱他不表现在脸上，重任他不表现在言辞上，用道理去引导他而不是强迫他服从自己的意愿。此言教育孩子的正确方法：把爱藏在心中、教育以引导为主。这是一种非常有效而明智的教育方法，我们今天还在使用。

**客子光阴诗卷里，杏花消息雨声中。**

【注释】出自宋·陈与义《怀天经、智老，因访之》。客子，游子，此指诗人自己。

【译文/点评】此言在读书吟诗中时间悄然过去，春天的脚步随着绵绵细雨、杏花绽放悄然而至。

**老子偷瓜盗果，儿子杀人放火。**

【注释】出自明·吕得胜《小儿语》。

【译文/点评】此言父亲是子女行为的表率，父亲行为不当，子女作奸犯科会走得更远。

**留意于孔孟之间，委身于经济之道。**

【注释】出自清·曹雪芹《红楼梦》第五回。经济，指经世济民、治国安邦。

【译文/点评】研习孔孟思想学说，献身治国安邦事业。此言学习儒家思想的真谛，就是要学以致用，积极入世，建功立业，治国安邦。

**卵待复而为雏，茧待缫而为丝，性待教而为善。**

【注释】出自汉·董仲舒《春秋繁露·深察名号》。卵，禽类的蛋。复，孵。雏，小鸟。缫，将蚕茧放在热水中抽取蚕丝的过程。

【译文/点评】鸟蛋须孵才能变成小鸟，蚕须缫才能抽出丝，人须经过教育才能人性变善。此以孵蛋为鸟、缫蚕成丝为喻，形象地说明了人性的改变需要经过学习与教化的道理。意在强调学习对改造人的重要性。

**敏而好学，不耻下问。**

【注释】出自先秦《论语·公冶长》。敏，聪明。耻，以……为耻，耻于。下问，向地位低的人请教。

【译文/点评】聪明而有好学之心，并能谦虚地向地位不及自己的人请教。这是孔子对君子在学问人格方面所提出的要求。其实，并非一定是君子非要如此不可，一般人若想有所成就，也应当如此。因为只有虚心好学，有不耻下问的胸襟，才能真正受益，才能使自己有所进步。

**莫知其子之恶，非智损也，爱弇之也。**

【注释】出自先秦《尸子·广泽》。莫，不。知，知道、了解。其，他的。子，子女。之，的。恶，指缺点、毛病。非，不是。智损，智力上的缺损。也，句末语气助词。弇（yǎn），遮蔽、覆盖。

【译文/点评】不了解自己子女的缺点，不是因为自己智力的缺损，而是因为溺爱遮蔽了他的心。此言溺爱是导致父母对子女错误失去辨别能力的原因，意在劝诫天下为人父母者切勿溺爱子女。

**木受绳则直，金就砺则利。**

【注释】出自先秦《荀子·劝学》。绳，指木匠裁弯取直的墨绳。则，就。就，接近。砺，磨刀石。利，锋利。

【译文/点评】木料经过墨绳就能裁直，金属刀具经过磨刀石的磨砺就能锋利。此以墨绳与木料、刀具与磨刀石的关系为喻，说明人接受教育的重要性。

**目不能两视而明，耳不能两听而聪。**

【注释】出自先秦《荀子·劝学》。明，眼睛亮。聪，耳朵好。

【译文/点评】眼睛同时看两样东西不可能都看得清楚，耳朵同时听两种声音不可能都听得清晰。此以观物、听音为喻，说明学习要专心致志才能有良好的效果。

**能理乱丝，乃可读书。**

【注释】出自晋·杂歌谣辞《杨泉引里语》。乃，才。

可，能。

【译文/点评】能够理清乱丝，才能读得进书。此言读书要有定力，要能平心静气，不可浮躁。

**蓬生麻中，不扶自直。**

【注释】出自先秦《荀子·劝学》。蓬，指蓬蒿之类的植物。

【译文/点评】蓬蒿生长于众麻之中，不必扶持也能长得笔直。此言以蓬麻作比，说明一个人在好的环境中熏陶自然能够健康成长。说理透彻而形象。

**匹夫而为百世师，一言而为天下法。**

【注释】出自宋·苏轼《潮州韩文公庙碑》。匹夫，指普通人。师，宗师。法，法则。

【译文/点评】此言韩愈虽是一个普通人，但以自己高洁的品行与深刻的思想而成为百世之宗师，他的每句话都成为世人遵循的法则。这话既是对韩愈人格与为学功绩的极高称誉，也是对中国知识分子的谆谆勉励之语。因此，历来都令知识分子倍感鼓舞。

**强学博览，足以通古今。**

【注释】出自宋·欧阳修《赐翰林学士吴奎乞知青州不允诏》。

【译文/点评】努力学习、博览群书，就足可知古今之事、通天下之变。此言读书学习可以鉴古而知今，获得对于历史与人生的深刻认识。

**穷巷多怪，曲学多辨。**

【注释】出自先秦《商君书·更法》。穷巷，指代偏僻之地。曲学，指见识浅陋者。辨，通"辩"。

【译文/点评】身处偏僻之处，就会少见多怪；见识浅陋，就会无知而诡辩。此言要想博学而有识见，就要视野开阔，多学习新知识，多见识外面的世界。

**求道者，不以目而以心；取道者，不以手而以耳。**

【注释】出自汉·刘向《说苑·君道》。道，方法、经验。者，（的）人。以，用。

【译文/点评】向别人学习方法或经验的人，不是靠眼睛看，而是要用心去体会；向别人借鉴学习方法或经验，不是靠手，而是要用耳朵认真听。此言向别人学习要用真心，而不应流于表面的形式。

**人而不学，虽无忧，如禽何？**

【注释】出自汉·扬雄《法言·学行》。虽，即使。如禽何，意指与禽兽有什么区别。

【译文/点评】一个人如果不学习，即使他一辈子生活无忧，那与禽兽有什么区别呢？此言人通过不断学习而增长知识与文化，是区别于禽兽等其他动物的重要标志。意在强调学习对于做人的重要性。

**人非生而知之者，孰能无惑？**

【注释】出自唐·韩愈《师说》。孰，谁。

【译文/点评】人不是生来就知道一切的，谁能没有困惑呢？此言意在强调、说明这样一个道理：一个人有困惑是正常的，但有困惑就应该学习，向老师请教。

**人好学，虽死若存；不学者，虽存，谓之行尸走肉耳。**

【注释】出自晋·王嘉《拾遗记》。行尸走肉，意指徒具形体而无所事事、没有思想的废人。耳，罢了。

【译文/点评】一个人虚心好学，即使死了，他还有思想留存后世，就像活着一样；反之，一个人从不学习，即使活着，也只能称之为活死人，因为他只会吃饭，而不会做事，也没有思想。此言好学与不好学是衡量一个人有没有生存价值的标尺。意在强调学习对于一个人的重要性。

**人皆知以食愈饥，莫知以学愈愚。**

【注释】出自汉·刘向《说苑·建本》。愈，病好、治愈。

【译文/点评】人们都知道饿了以食物充饥，却不知道愚蠢是可以通过学习而改变的。此以人饥而求食为喻，说明学习对于增长知识、提高智商的作用。

**人若志趣不远，心不在焉，虽学无成。**

【注释】出自宋·张载《经学理窟·义理》。若，如果。焉，于此。虽，即使。

【译文/点评】一个人如果没有远大的志向，学习时思想不专注于所学的东西之上，那么即使学了也不会有什么收获。此言一个人如果想学有所成，就要从思想深处深刻认识到学习的重要性，培养浓厚的学习兴趣，同时要有专心致志、心无旁鹜的学习态度。

**人生处万类，知识最为贤。**

【注释】出自唐·韩愈《谢自然诗》。

【译文/点评】此言人虽为万种物类之一，但人处最高端，原因就在于人有知识。其意是鼓励人们努力学习知识，好学上进。

**人无贵贱，道在者尊。**

【注释】出自汉·蔡邕《劝学篇》。道，道理、真理。

【译文/点评】人是不分贵贱的，谁掌握了真理，谁就是大家应该推崇的人。此与唐人韩愈《师说》中"无贵无贱，无长无少，道之所存，师之所存也"同义，都是勉励人们虚心向学、虔诚求道的忠言。

**人一能之，己百之；人十能之，己千之。果能此道矣，虽愚必明，虽柔必强。**

【注释】出自汉·戴圣《礼记·中庸》。之，代词，指学习的内容。果，果真。矣，句中语气助词，帮助停顿。虽，即使。

【译文/点评】别人读一遍就会的内容，自己读一百遍去掌握它；别人读十遍就能理解的内容，自己读一千遍去体会。果真能做到这一步，即使是愚蠢之人也会变得聪明起来，即使是柔弱之人也会由此变得坚强起来。此言勤奋读书不仅可以使人变得聪明，还能使人由软弱变得坚强。

**人有知学，则有力矣。**

【注释】出自汉·王充《论衡·效力篇》。知学，知识学问。则，那么、就。矣，句末语气助词。

【译文/点评】一个人有知识学问，那么他就会有战天斗地的力量。此言与西人培根所言"知识就是力量"同义，强调的都是知识与学问的重要性。

**人之患，在好为人师。**

【注释】出自先秦《孟子·离娄上》。患，毛病。好，喜欢。

【译文/点评】人的毛病在于喜欢做别人的老师。这是孟子批评人性弱点的话，其意是强调为人应有谦虚之德，切不可自以为是，总想教训别人。这话在今天仍是我们做人处事应当记取的。

**人之能为人，由腹有诗书。诗书勤乃有，不勤腹空虚。**

【注释】出自唐·韩愈《符读书城南》。由，因。乃，才。

【译文/点评】此乃韩愈勉励其子韩符勤奋读书的话。他认为人之所以成为人，就是因为腹中有诗书，知书达理；而要满腹经纶，成为一个学识渊博的人，就只有勤奋读书一途。这话虽是韩愈训子之言，实也是对天下所有读书人的劝勉之言。

**人之情，安于其所常为。**

【注释】出自宋·苏洵《礼论》。常为，此指生活习俗。

【译文/点评】安于生活习俗，这是人之常情。此言意在强调统治者在治国安邦过程中应该充分尊重人民的生活习俗，因俗而制礼。

人之情，不能乐其所不安，不能得于其所不乐。

【注释】出自先秦·吕不韦《吕氏春秋·孟夏纪·诬徒》。

【译文/点评】不能对他所感到不安的事而高兴，不能对他所感到不快乐的事而心安理得，这是人之常情。此言人都有喜欢安全、快乐的本性。

人之为学，不可自小，又不可自大。

【注释】出自清·顾炎武《日知录》卷七。之，结构助词，放在主谓语之间，取消句子的独立性。

【译文/点评】此言一个人读书治学，既不能因自卑而怯于发表自己独到的见解，也不能因狂妄自大而信口开河。也就是说，读书治学要有客观冷静的态度，既要对自己的观点有信心，也要有谦虚地接受别人合理见解的雅量。

人之学如渴而饮河海，大饮则大盈，小饮则小盈。

【注释】出自唐·马总《意林》引《物理论》。之，结构助词，放在主谓语之间，取消句子的独立性。则，那么、就。盈，满。

【译文/点评】一个人的学习，就像是渴了而饮于河海之中一样，喝得多，腹中水就多些；喝得少，腹中水就少些。此以人渴而饮水为喻，形象地阐明了这样一个道理：要想满腹经纶、学识渊博，就要努力学习，充分汲取前人的知识与经验。

人之学也，不志其大，虽多而何为？

【注释】出自宋·苏辙《上枢密韩太尉书》。之，放在主谓语之间，取消句子的独立性。也，语气助词，放在句中，表示停顿。志，着眼、着力。虽，即使。

【译文/点评】一个人学习，不着眼于大的方面有所追求、有所侧重，那么即使学得再多，又有什么用呢？此言人的精力有限，学习必须讲究方法，要立志于在某一方面学有所成，而不是面面俱到却毫无建树。

**人之在教，若泥金之在陶冶。**

【注释】出自唐·白居易《策林一》。之，放在主谓语之间，取消句子的独立性。若，像。

【译文/点评】一个人接受教育，就像泥巴经过烧制而变成陶器、矿石经过冶炼而变成金属一样。此以烧陶冶金为喻，说明人需要接受教育改造的道理。

**日就月将，学有缉熙于光明。**

【注释】出自先秦《诗经·周颂·敬之》。就，通"久"。将，长。缉熙，积累光亮，喻掌握知识渐广渐深。

【译文/点评】学习知识是一个长久的过程，只有天长日久不断地努力，才能愈积愈多，最终达到学富五车、博古通今的境界。此句运用比喻修辞法，形象生动地阐明了虚心向学犹如积微光而成光明的道理。这虽是周成王勤学自勉之语，也是天下所有人都应该引以自勉的。

**日习则学不忘，自勉则身不堕。**

【注释】出自汉·徐幹《中论·治学》。习，温习、练习。则，就。

【译文/点评】每天温习就不会忘记所学的东西，自我勉励就不会堕落。此言学习对于修身进德的作用。

**入之愈深，其进愈难，而其见愈奇。**

【注释】出自宋·王安石《游褒禅山记》。

【译文/点评】此以游山越往上往深越难而所见风光越奇为喻，形象地阐明了这样一个道理：在学习上，对某一问题钻研得越深，就感到越难理解，但是一旦弄通其间的道理，便会有别人难有的独到心得。其意是鼓励人们读书时要深入地思考，尤其要在艰难处思索，从而形成自己独到的思想。

**三人行，必有我师焉。择其善者而从之，其不善者而改之。**

【注释】出自先秦《论语·述而》。三人，指多人，三是虚指。行，同行、同道。必，一定。焉，于之，即"在其中"。其，指示代词，此指他们。善者，指好的地方，即优点。从，跟从、师从、学习。之，指示代词，指它。不善，指缺点。改，改正。

【译文/点评】多人同行，其中肯定有值得我向他学习的人。选取他的优点而学之，发现他的缺点而改之。这是孔子谈学习的名言。其所提出的"师无定人"、"择善而从"的学习原则，永远都是我们应该牢牢记取的金玉之论。

**三岁学不如三岁择师。**

【注释】出自汉·桓谭《新论·启寤》。三岁，三年。

【译文/点评】花三年时间学习，不如花三年时间选择一位良师。此言选择良师对于提高学习效果的重要性。

**三余广学，百战雄才。**

【注释】出自唐·杨炯《唐昭武校尉曹君神道碑》。三余，代指空闲时间。古人认为冬天是"岁之余",夜晚是"日之余",阴雨时是"时之余",合称"三余"。

【译文/点评】此言能抓紧空余时间努力学习,才可能成为知识广博之人;能经百战考验,才有可能成为大略雄才。

**善歌者使人继其声,善教者使人继其志。**

【注释】出自汉·戴圣《礼记·学记》。

【译文/点评】善于唱歌的,会使人情不自禁地跟着唱和;善于教育他人的,会使学生接受其思想理念,并自觉地继承其志向与思想。此言能让自己的学术与思想得以继承并发扬光大的老师,才是最好的老师。

**善为师者,既美其道,有慎其行。**

【注释】出自汉·董仲舒《春秋繁露·玉杯》。道,指理论或学说。有,通"又"。

【译文/点评】善于为人师的,既要使自己的理论或学说臻至完美,又要谨慎自己的言行举止。此言良师应当为人师表,道德文章并重。

**善学者,假人之长以补其短。**

【注释】出自先秦·吕不韦《吕氏春秋·孟夏纪·用众》。……者,(的)人。假,借。之,的。其,他的。

【译文/点评】善于学习的人,能够借别人的长处以补自己的短处。此言意在劝勉人们要有谦虚学习的心态。汉语成语"取长补短",其义同此。

**善学者尽其理，善行者究其难。**

【注释】出自先秦《荀子·大略》。尽，穷尽。行，实践。究，推究。

【译文/点评】善于学习的人喜欢彻底了解事物的道理，善于实践的人喜欢推究实践中的难点。此言学习与实践都应该深入，而不应浅尝辄止。

**善学者，师逸而功倍，又从而庸之；不善学者，师勤而功半，又从而怨之。**

【注释】出自汉·戴圣《礼记·学记》。逸，安闲、轻松。庸，功劳，此作"归功于"解。之，指老师。

【译文/点评】善于学习的人，老师教起来轻松而功效加倍，学生也由此而归功于老师教得好；不善于学习的人，老师教起来辛苦而收效不大，学生也因此而埋怨老师教得不好。此言学习是要讲究方法的，掌握了正确而有效的学习方法，则能事半功倍，既能学得好学得快，也能使老师轻松又有成就感；反之，不仅学生学习收效不大，老师也因此吃力而反被埋怨。

**少成若天性，习贯成自然。**

【注释】出自汉·班固《汉书·贾谊传》。少成，小时候教养而成。若，像。贯，同"惯"。

【译文/点评】少年时代教养而成的习惯，就会像天生的一样，习惯了就习以为常。此言良好的习惯要从小培养。现在我们的学校教育重视从幼儿园与小学开始培养孩子良好的生活与学习习惯，其理念正是同此。

**少而不学，长无能也；老而不教，死无思也。**

【注释】出自先秦《荀子·法行》。也，句末语气助词。无思，无人思念。

【译文/点评】少年时代不学习，长大后就会无能；老人不教育子女，死了以后就不会让后代子孙思念。此言意在劝勉世人年少之时要有好学上进之心，年长之时要有长远眼光，重视子女的教育问题。

**少而好学，如日出之阳；壮而好学，如日中之光；老而好学，如炳烛之明。**

【注释】出自汉·刘向《说苑·建本》。如，像。炳烛，点蜡烛照明。

【译文/点评】少年时代就好学，就像是初升的旭日；壮年好学，就像是正午时分的阳光；晚年好学，就像是点着蜡烛照明的光线。这是春秋时代盲乐师师旷劝谏晋平公晚年学习的话。它以三个比喻说明了不同阶段好学的境界，意在鼓励晋平公即使是老了才意识到学习的重要性也还是不晚，烛光之明虽不及朝阳与午阳，但总比黑暗好。

**少则习之学，长则材诸位。**

【注释】出自汉·班固《汉书·董仲舒传》。则，连词。习之学，即学习。材诸位，指按其才能而授予官位。

【译文/点评】少年时代勤奋学习，长大后就能因其才华而被授予官位。此言通过学习增长知识是日后成为治国安邦良才的前提。

**射不善而欲教人，人不学也；行不修而欲谈人，人不听也。**

【注释】出自先秦《尸子·恕》。射，指射击技术。也，句末语气助词。行，指道德品行。谈人，指教育别人。

【译文/点评】射击技术不精湛而想教导别人，别人是不肯跟他学习的；不加强自身道德修养的人而想教育别人，别人是不会听从的。此以射箭为喻，说明了这样一个做人的道理：教育别人首先要有值得别人敬服的本领或品行，要以"德"、"能"服人。用今天的俗语说，就是"打铁还得自身硬"。

**身不正，则人不从。**

【注释】出自先秦《尸子·神明》。则，那么。从，服从。

【译文/点评】自身做人不正，那么就难以服众。此言要教育别人，首先自己要以身作则、率先垂范。此言意在强调身教的重要性。

**慎而思之，勤而行之。**

【注释】出自唐·白居易《策林一》。

【译文/点评】谨慎地思考所考虑的问题，勤奋地执行所要解决的工作。此言思考问题要周到谨慎，解决问题要勤奋踏实。

**升堂矣，未入于室也。**

【注释】出自先秦《论语·先进》。堂，厅堂。矣，了。室，内室。也，句末语气助词，帮助判断。

【译文/点评】进入厅堂了，但还没有进入内室。这是孔子以"登堂入室"（进入人家是先进门，次登堂，再入室）为喻，说明他的弟子子路在学问上只是一般水平（像处于厅堂阶段），还没有达到最高境界（如进入内室阶段）。后世引用此语，常比喻某人在某一方面的造诣还未达到最高水平。

**生而同声，长而异俗，教使之然。**

【注释】出自先秦《荀子·劝学》。使之然，使他们这样。

【译文/点评】人生下来哭声相同，但长大后习惯风俗却不同，这是教育的结果（所受不同的教育使他们这样）。此言后天教育对人的重要影响作用。

**生而知之者，上也；学而知之者，次也；困而学之，又其次也；困而不学，民斯为下矣。**

【注释】出自先秦《论语·季氏》。而，连词。之，指示代词，它。……者，（的）人。上，指上等。也，句末语气助词。次，次一等。困，困惑。斯，那么、就。下，指下等。矣，了。

【译文/点评】天生就知道的人，那是最上等的人；通过学习后才知道的，就要次一等了；有了困惑才想到学习，那就再次一等了；有了困惑还不肯学习，这种民众就是最下等的人了。孔子的这番话将人分为四等，在今天看来虽有不妥，但其意在鼓励人们虚心向学的主旨则没有错。一个人只要虚心学习的是正当有益的东西，对其才能的培养、道德的修炼总是助益多多的。

**生也有涯，而知也无涯。以有涯，随无涯，殆矣。**

【注释】出自先秦《庄子·养生主》。也，句中语气助词，帮助停顿。

【译文/点评】生命是有限的，而学习知识则是无限的。此言生命有限，知识无限，意在勉励人们珍惜时间，努力学习。

**生长食息，不离典训之内，目濡耳染，不学以能。**

【注释】出自唐·韩愈《清河郡公房公墓碣铭》。食息，吃饭睡觉，指日常生活。以，而。

【译文/点评】在日常生活与成长的每一个阶段，都按照圣贤的教诲去做，这样耳濡目染的熏陶之后，即使不学习，也有能力。此言好的学习环境是最能造就人才的。

**圣人无常师。**

【注释】出自唐·韩愈《师说》。常，固定。

【译文/点评】圣人没有固定的老师。也就是说，能够虚心向一切人学习的人才能成为圣人。意在鼓励人们虚心向学，不必拘泥于传统的"师"的观念。

**失其师表而莫有所矜式。**

【注释】出自唐·柳宗元《与太学诸生喜诣阙留阳城司业书》。师表，老师的表率。矜式，榜样。

【译文/点评】没有老师作为表率，就没有人可以取法而为榜样了。此言老师为人师表、为人表率的作用。今日我们强调教师的职业形象，其意正是要教师为学生树立为人治学的榜样。

**师严，然后道尊；道尊，然后民知敬学。**

【注释】出自汉·戴圣《礼记·学记》。严，尊重。道，指以儒家思想为中心的学说。

【译文/点评】老师受到尊重，然后他所传之"道"才会得到重视；"道"得到重视，那么老百姓就会敬重学问了。此言尊师与重道、敬学之间的关系，意在强调尊师的重要性。

**师者，所以传道、受业、解惑也。**

【注释】出自唐·韩愈《师说》。"……者，……也"，古代汉语判断句的一种形式，相当于"……是……"。所以，用以。受，同"授"，传授。

【译文/点评】老师是传授道理、教授学业、解决困惑的人。此言老师的作用。

**十室之邑，必有忠信；三人并行，厥有我师。**

【注释】出自汉·班固《汉书·武帝纪》。室，户。邑，小城。厥，乃、就。

【译文/点评】就是仅有十户人家的小邑，也一定会有讲求忠信之人；三人同路而行，其中就会有人能做自己的老师。此言忠信之人不会绝迹，可为我师者随处皆有。意在勉励人们讲究忠信、虚心向学。

**时过然后学，则勤苦而难成。**

【注释】出自汉·戴圣《礼记·学记》。则，那么。

【译文/点评】学习的最佳时机错过了，才想起要学习，那么学起来既吃力又难于有成。此言学习是否有成效与学习时机的把握有关。今天我们强调小孩子在不同阶段要注意开发不同的学习潜能，说的正是这个教育思想。

**食无求饱，居无求安，敏于事而慎于言，就有道而正焉，可谓好学也已。**

【注释】出自先秦《论语·学而》。无，不。就，接近。有道，指道德高尚或博学的人。焉，于之。也已，句末语气助词。

【译文/点评】吃饭不求饱，居住不求安逸，勤于办事，慎于说话，接近博学德高之人，这就可以称为"好学"了。这是孔子对于"好学"的定义。意在鼓励学生要把主要精力放在学习上，而不应该讲求生活享受。

**仕而优则学，学而优则仕。**

【注释】出自先秦《论语·子张》载子夏语。仕，做官。而，连词。优，优秀。则，就。

【译文/点评】做官行有余力，就要加强学习；学问渊博，也可以考虑去做官。这是孔子学生子夏的见解，今天看来还是有道理的。做官的要加强学习，才能不断提高自己执政治国的水平；而学问好、见识高的人，投身官场，效力于国家社会，一展自己的长才，为民造福，这也是题中之意。古今中外，治国安邦的人绝不会都是文盲，虽然文盲做官未必做不好，但毕竟不是可以通行的常规。宋太祖欲"武臣尽读书以通治道"以及"宰相须用读书人"的见解，正是此意。这话的后半句虽然自古以来就不为一些清高的读书人所认可，但是其中的道理我们也是不能抹杀的。因为做官就是要管理国家，而管理国家、从事政治，没有相当的智力与学问，那是不可能做好的。既然读书人学习成绩优异，智力超群，让这样的人去管理国家，总比文盲要好。因此，"学而优则仕"还是有积极意义的，读书人要尽到自己对国家对社会的责任，做官也是其中的一个途径。

**恃自直之箭，百世无矢；恃自圆之木，千世无轮。**

【注释】出自先秦《韩非子·显学》。恃，依靠。箭，此指用于造箭的材料竹。矢，箭。

【译文/点评】用自身就直的竹子来造箭，那是永远也造不出箭来的；用生来自圆的树木来造车轮，那是永远也造不出车轮的。此以造箭与制轮为喻，强调一个人成才需要施行教育的重要性。

**授书不在徒多，但贵精熟。**

【注释】出自明·王守仁《传习录》。授，教授。徒，徒然。但，只。

【译文/点评】此言老师给学生讲授课本知识，不一定是教的书越多越好，关键是所选用的书要经典，讲授要深入，使学生能够熟练地掌握。

**熟读唐诗三百首，不会吟诗也会吟。**

【注释】出自清·孙洙《唐诗三百首序》。

【译文/点评】此言通过反复诵读，可以逐渐领悟到如何作诗的门径。这话虽是作序者推介《唐诗三百首》的话，但确实道出了中国传统的以诵读带动理解的教学方法的秘诀，有一定的科学性。

**束书不观，游谈无根。**

【注释】出自宋·苏轼《李氏山房藏书记》。束，捆。

【译文/点评】有书束之高阁而不读，说话就会游移而无根据。此言只有博览群书，才能言必有据，令人信服。

**述而不作，信而好古。**

【注释】出自先秦《论语·述而》。述，阐述。作，创作。信，相信。好古，喜欢古代文化。

【译文/点评】阐述古代文献精蕴而不自创新说，相信古人并爱好古代典籍文化。这是孔子自述其一生做人的信条。我们都知道，创新当然好，因为没有创新，社会就不会进步发展；但是古代或前人已经创造出来的好的东西，也是需要发扬光大的。因此，"述而不作"的阐释推广工作仍然是有意义的，也是确实需要有人做的。创造创新是提高，阐释推广是普及。只有提高与普及并重，社会发展才会更快更好。因为普及能带动社会全体成员素质的普遍提高。

**虽有慈父，不爱无益之子。**

【注释】出自先秦《墨子·亲士》。虽，即使。无益，无用。之，的。子，指子女。

【译文/点评】即使是慈爱的父亲，也不会喜欢没用的子女。此言父母都有望子成龙、望女成凤的愿望。

**虽有佳肴，弗食不知其旨也；虽有至道，弗学不知其善也。**

【注释】出自汉·戴圣《礼记·学记》。虽，即使。肴（yáo），烧熟的鱼肉等荤菜。弗，不。其，它的。旨，味美。至，最。也，句末语气助词。

【译文/点评】即使有美味的菜肴，不吃也不知道它的味道美；即使有最高明的学说或道理，不学也不知道它的高明所在。此以吃菜为喻，形象生动地阐明了这样一个道理：要想知道前贤先哲学说的高妙之处，那么就要好好学习与了解。

**虽有强记之力，而常废于不勤。**

【注释】出自宋·秦观《精骑集序》。虽，即使。

【译文/点评】一个人即使有非常好的记忆力，但如果不勤奋，也是不能成功的。此言学习不但要有天赋，更要勤奋认真。

**虽有至圣，不生而知；虽有至材，不生而能。**

【注释】出自汉·王符《潜夫论·赞学》。虽，即使。至，最。知，通"智"，智慧。

【译文/点评】即使是道德最高尚的圣人，也不是生来就有大智慧；即使是最有才干的人，也不是生来就有特别的才能。此言意在说明这样一个道理：人只有通过学习才能成为卓越之才。

**随见随忘，随闻随废，轻目重耳之过，此亦学者之一病也。**

【注释】出自唐·杜牧《上池州李使君书》。亦，也。学者，学习的人。病，弊病。也，句末语气助词，帮助判断。

【译文/点评】看了、听了之后就忘，这是轻视实践而重视耳闻的过失，也是学习者学习中常犯的一大弊病。此言学习既要重视书本上的知识，也要重视亲眼所见、亲耳所闻的现实知识。否则所学的东西便会如烟云过眼、如轻风拂耳，不能深入于心。

**索物于夜室者，莫良于火；索道于当世者，莫良于典。**

【注释】出自汉·王符《潜夫论·赞学》。索，寻找。莫良于，没有比……好的。道，道理、学说。典，经典。

【译文/点评】在暗室中寻找物件，没有比点火照明更有效的；寻找救助当世的学说或真理，没有比学习先哲经典更有用的。此以举火寻物为喻，生动形象地说明了这样一个道理：学习前代经典，从中思索领悟，可以有效地解决当代治国安民的大问题。这是强调学习经典的意义。

**天地之所贵者，人也；圣人之所尚者，义也；德义之所成者，智也；明智之所求者，学问也。**

【注释】出自汉·王符《潜夫论·赞学》。"……者，……也"，古代汉语的一种判断句形式，相当于现代汉语的"……是……"。贵，看重、重视。尚，崇尚。

【译文/点评】天地所钟爱的，是人；圣人所推崇的，是义；由德和义所造就的，是智；明智的人所追求的，是学问。此言学问的重要性，认为有学问是一个人既明且智的源泉。

**万卷藏书宜子弟，十年树木长风烟。**

【注释】出自宋·黄庭坚《郭明甫作西斋于颍尾，请予赋诗二首》。宜，适宜、有益。树木，种树。长风烟，指有益于人居。

【译文/点评】此言好的读书环境对于培养熏陶子弟养成读书向学的良好习惯有益，就像种树十年必有益于居住环境的改变一样。意谓藏书对于培养子弟好学的重要性。

**为学之道，莫先于穷理；穷理之要，必在于读书。**

【注释】出自宋·朱熹《性理精义》。道，规律、方法。穷理，彻底了解义理。要，关键。

【译文/点评】治学的方法，没有比先彻底了解义理更为重要的了；而要彻底了解义理，关键还是要多读书。此言多读书是彻底了解义理的重要一步，更是治学成功的关键所在。意在鼓励世人读书以明义理。

**谓学不暇者，虽暇亦不能学。**

【注释】出自汉·刘安《淮南子·说山训》。谓，说。暇，空闲。不暇，没有时间。虽，即使。亦，也。

【译文/点评】说学习没有时间的人，即使真有时间，他也不会学习的。此言学习应有主动性、自觉性，要见缝插针、善于抓紧一切时间，这才是真正虚心向学的态度。意在批评那些不想学习而又要找借口者，同时也在鼓励世人应该养成见缝插针的学习习惯。

**温故而知新，可以为师矣。**

【注释】出自先秦《论语·为政》。温，温习、复习。矣，语气助词，相当于"了"。

【译文/点评】温习已经学过的知识，而能从中领悟到新的东西，就可以为人之师了。这是孔子教育学生的话。其意是说，在学习过程中要善于领会所学知识的精神实质，并能举一反三。这是一种被实践证明了的有效学习方法，永远也不会过时，值得我们每个人牢记借鉴。

**闻道有先后，术业有专攻。**

【注释】出自唐·韩愈《师说》。道，指某种学说、道理。术业，技能本领。专攻，专门的研究。

【译文/点评】对于某门专业知识或学说的学习，不是所有的人都同时进行的，时间上是有先后之别的；对于不同的技能或本领的掌握，不同的人各有不同的侧重点与方向。此言掌握知识有先后之别，不同的人有不同的特长。意谓不同的人之间应该互相学习，后生向前辈学习，不懂别的专业知识的人向懂得那种专业知识的人学习。

**闻之而不见，虽博必谬；见之而不知，虽识必妄。**

【注释】出自先秦《荀子·儒效》。虽，即使。知，了解。识（zhì），记。妄，荒诞而不合理。

【译文/点评】只听说某事物而没有亲见，即使听说得多，也一定是错误的；见到某事物，而并没有对它进行深入了解，即使记住了，也一定是荒诞而无用的。此言学习不仅要注重书本与口耳传授，还应该注重在实践中学习；对事物的了解要深入，不可流于表面化。仅记得一些名词术语等皮毛，那必然会犯荒诞不经的错误。

**问之不切，则其听之不专；其思之不深，则取之不固。**

【注释】出自宋·王安石《书洪范传后》。之，指学习的内容。切，迫切、恳切。则，那么、就。

【译文/点评】对于学习的内容请教、提问不迫切，那么就可以知道他听讲不专注；对于所学的内容没有深入思考，那么他所获得的知识也就不够牢固，不能入之于心。此言学习过程中既要有专心致志的态度，对所学的内容认真吸收，也要对所学的内容进行深入的思考。反之，听讲时心猿意马、心不在焉，接受时囫囵吞枣，都是不能真正学到知识的。意谓学习既要端正态度，也要讲究方法。

**无贵无贱，无长无少，道之所存，师之所存也。**

【注释】出自唐·韩愈《师说》。无，不论、无论。道，指真理、道理、知识等。也，句末语气助词，帮助判断。

【译文/点评】不论地位贵贱，也不论年龄大小，只要掌握了真理，他就是自己的老师。此言能为人师是与地位、年龄无关的，有关的只是他有没有知识、懂不懂道理而堪为人师。

**无羞亟问，不愧下学。**

【注释】出自汉·刘向编《战国策·齐策四》。亟（qì），屡次。

【译文/点评】不要羞于多问，不要以向地位比自己低或年纪比自己小的人学习为耻。此言增长学问要勤学、勤问，且要有不论身份地位、虚怀若谷的胸怀。

**毋剿说，毋雷同。**

【注释】出自汉·戴圣《礼记·曲礼上》。毋，不要。剿说，"剿"通"抄"，抄袭别人的说法。

【译文/点评】不要抄袭别人的说法，不要附和别人的言论。意谓既不可掠人之美，也不可人云亦云，要有自己独立的思想。


**吾尝终日不食，终夜不寝以思，无益，不如学也。**

【注释】出自先秦《论语·卫灵公》。吾，我。尝，曾经。以，而。也，句末语气助词。

【译文/点评】我曾经整天不吃、彻夜不眠地思考问题，但是毫无结果，还不如通过学习就立即解决了疑惑。这是孔子谈学习对于迅速解决困惑的作用，强调学习前人经验比闭门苦思更有效果。


**吾尝终日而思矣，不如须臾之所学也；吾尝跂而望矣，不如登高之博见也。**

【注释】出自先秦《荀子·劝学》。吾，我。尝，曾经。矣，语气助词。须臾，一会儿。也，句末语气助词。跂（qǐ），抬起脚后跟站着。

【译文/点评】我曾经整天苦苦思考，结果还不如学习一会儿的效果好；我曾经抬起脚跟远望，结果还不如登到高处看得远。荀子以登高能望远为喻，形象地说明了这样一个道理：闭门思考有很大的局限性，而开放性的学习则有立竿见影的效果。此与孔子所说"吾尝终日不食，终夜不寝以思，无益，不如学也"同义。

吾十有五而志于学，三十而立，四十而不惑，五十而知天命，六十而耳顺，七十而从心所欲，不逾矩。

【注释】出自先秦《论语·为政》。吾，我。十有五，即十五。有，即又，古代汉语常在整数与零数之间加"有"或"又"表示相加关系。志，立志。立，成立，指立身处世。耳顺，指对外界的一切毁誉议论皆处之泰然，有自己的定见，不为他人意思所左右。从心所欲，即纵心所欲，即能自由自如地按照自己的意志行事。逾，超越。矩，规矩、社会规范。

【译文/点评】我十五岁即立志于治学，三十岁时已能立世成人，四十岁时有自己独立的见解而无大的困惑，五十岁时能够面对命运的一切安排处之泰然，六十岁时对于外界一切的毁誉议论都已不放在心上了，七十岁时不必刻意去想什么，怎么做都不会逾越社会的行为规范。这虽是孔子自述自己人生各个不同阶段的发展境界的话，但从此也成为后世无数志士仁人效法的依据。除此，还由此衍生出诸如"志学之年"、"而立之年"、"不惑之年"、"知天命之年"、"耳顺之年"等词语，分别代替十五岁、三十岁、四十岁、五十岁、六十岁，对于丰富汉语的词汇库也为功不小。


勿轻一篑少，进往必千仞。

【注释】出自晋·谢混《诫族子诗》。勿，不要。篑（kuì），装土的筐子。仞，古代以七尺或八尺为一仞。千仞，虚指，指很高。

【译文/点评】不要轻视一筐土，持之以恒一筐一筐地抬，也一定能堆出一座千仞之山。此以堆土为山作比，强调说明学习只要持之以恒、坚持不懈，一定会学有所成的道理。

**务学不如务求师。**

【注释】出自汉·扬雄《法言·学行》。务，致力、从事、追求。

【译文/点评】勉力学习，不如勉力追随一位好的老师。此言意谓好的老师对于提高学习效率更有利，强调的是良师的重要性。

**小惑易方，大惑易性。**

【注释】出自先秦《庄子·骈拇》。惑，困惑。方，方向。性，本性。

【译文/点评】小的困惑能够改变一个人的方向，大的困惑能够改变一个人的本性。此言不解决困惑的后果，意在强调学习的重要性。

**孝子不生慈父之家。**

【注释】出自先秦《慎子·内篇》。

【译文/点评】此言父亲对孩子的教育应该从严，不可失之放纵。民间俗语"棍棒下面出孝子"，说的意思与此相同。

**心不在焉，视而不见，听而不闻，食而不知其味。**

【注释】出自汉·戴圣《礼记·大学》。焉，于此、在这里。

【译文/点评】心思不在这个上面，看了也不知道，听了也没印象，吃了也不知什么味道。此以看物、听声、吃饭为喻，说明学习（或做一切事情）要专心致志的道理。

**心之官则思，思则得之，不思则不得也。**

【注释】出自先秦《孟子·告子上》。之，的。官，功能。则，就是。思，思考。得，收获。也，句末语气助词。

【译文/点评】心的功能就是思考，思考了就会有收获，不思考就不会有收获。这是孟子的话，其意是强调人要勤于思考，这样才会有独立的见解。这话今天仍是我们应该记取的。


**胸中不学，犹手中无钱。**

【注释】出自汉·王充《论衡·量知》。犹，犹如、就像。

【译文/点评】胸中无学问，就像手里没有钱。此言儒者应当学有所成，不然就没有被社会承认与统治者重用的资本。这话在今天仍然有现实价值。现代社会我们常说"钱不是万能的，但没有钱是万万不能的"，强调的是钱的重要性。王充的时代还没有像今天这样市场化，现代社会也没有王充时代那样重视学问的氛围。但是，学问就像钱一样重要的比喻仍然是恰当的，因为知识学问可以成为人们获得金钱的有力工具与手段。现在全世界范围内都强调"知识经济"的理念，正能说明这个问题。


**修学好古，实事求是。**

【注释】出自汉·班固《汉书·河间献王传》。修，研究、学习。是，规律、真相。

【译文/点评】研究学问，热爱古贤，依据实证，探求真知。这是赞扬汉代河间献王的话。成语"实事求是"，即源于此。意谓做事看问题应以实际情况为依据，予以客观恰当的处理。

**朽木不可雕也，粪土之墙不可圬也。**

【注释】出自先秦《论语·公冶长》。雕，雕刻。也，语气助词。圬（wū），涂饰、粉刷。

【译文/点评】腐朽的木头雕不成东西，粪土垒起的墙壁无法涂刷装饰。这是孔子针对学生宰我白天睡觉而说的批评语。以朽木、粪墙比喻宰我，虽有些刻薄、严厉，但恨铁不成钢的关切之情也包容其中矣。

**学不可以已。**

【注释】出自先秦《荀子·劝学》。已，停止。

【译文/点评】学习不能停止。此言知识是无尽的，学习是没有止境的。

**学不倦，所以治己也；教不厌，所以治人也。**

【注释】出自先秦《尸子·劝学》。所以，用以、用来。治，治理。……也，古代汉语判断句的形式之一，相当于"……是……"。

【译文/点评】学而不倦，是用以加强自身修养的；教人不倦，是用以教育管理别人的。此言学习与教学对于提高自身修养与教化改造他人的作用。

**学不勤则不知道，耕不力则不得谷。**

【注释】出自三国魏·桓范《世要论》。则，那么、就。道，圣贤所说的道理。不力，不尽力。

【译文/点评】学习不勤奋，那么就不能了解圣贤所说的道理；耕种不尽力，那么就不能收获谷物。此以耕种收获、学习与悟道互喻，说明学习必须勤奋才能明理、耕种必须尽力才能收获的道理。

**学不厌，智也；教不倦，仁也。**

【注释】出自先秦《孟子·公孙丑上》孟子引子贡的话。也，句末语气词。

【译文/点评】学习知识不厌倦，这是智；教人诲人不知疲倦，这是仁。这是子贡赞孔子的话。也是我们今天为人弟子、为人之师应该效仿的目标。

**学而不化，非学也。**

【注释】出自宋·杨万里《庸言》。化，指变化、融会贯通。也，句末语气助词，帮助判断。

【译文/点评】学习而不知融会贯通，就不是真正有效的学习。此言读书要读活，不能死记硬背、食而不化；更不能胶柱鼓瑟，拘泥于所学内容，而自己不作独立的思考。正确的方法应该是在学中思，思中学，如此才能触类旁通，达到融会贯通、举一反三的效果。

**学而不能行，谓之病。**

【注释】出自先秦《庄子·让王》。行，实践。谓，叫作。病，缺点。

【译文/点评】学到了知识而不能付诸实践，这是缺点。此言意在强调要学以致用，勇于实践。

**学而不思则罔，思而不学则殆。**

【注释】出自先秦《论语·为政》。罔（wǎng），骗取、欺骗。殆（dài），危险。

【译文/点评】只管学习前人所传授的知识，而不作独立的思考，那么必然有上当受骗的时候；而完全不学习前人的知识，一味自己苦思冥想，则必然一无所获，那样也很危险。这是孔子教育学生的话，认为好的学习方法应该是学习与思考并重，边学边思，带着问题学，学习中不断提出问题并予以思考，这样才能获得真正的知识，有正确的认识。这个观点是对的。对于前人的知识采取虚无主义的态度，全然不学，当然不对，但如果盲从前人所传授的所有知识，不仅会失去自己独立的思考，而且还会连前人的错误也当作正确的接受了，那样就受害不浅了。因此，孟子言："尽信书，不如无书。"（《孟子·尽心下》）说的就是这个意思。

**学而不厌，诲人不倦。**

【注释】出自先秦《论语·述而》。诲，教诲。

【译文/点评】学习知识要持之以恒、永不厌倦，教书育人要不遗余力、孜孜不倦。这虽是孔子就读书与教学两方面对自己提出的要求，也是我们每个时代的读书人和教师都应记取的格言，更是立志成为教育家的人们应该努力的目标。

**学而不已，阖棺乃止。**

【注释】出自汉·韩婴《韩诗外传》。已，停止。阖，合、盖。乃，才。

【译文/点评】学习没有可以停下来的时候，到死才算结

束。此言意在劝人终身学习而不松懈，与今日我们所说的
"活到老，学到老"意思相同。

### 学而时习之，不亦说乎？

【注释】出自先秦《论语·学而》。学，学知识。时，不
时、经常。亦，也。说（yuè），同"悦"，高兴、愉快。乎，
疑问语气词，相当于"吗"。

【译文/点评】学过的知识，不时地加以复习，不也是很
快乐的事吗？这是孔子教学生学习方法的话，今天看来仍然有
很强的指导意义。因为学习的道理永远都一样，学过的东西如
果不加复习巩固，再多也枉然。只有学过并记住、掌握了，才
真正变成了自己的知识。

### 学非探其花，要自拔其根。

【注释】出自唐·杜牧《留诲曹师等诗》。

【译文/点评】此言学习不能停留于所学东西的表面，而
应有追根究底、深入钻研的精神。"探其花"与"拔其根"，
都是比喻的说法，意在形象生动地说明学习要切忌肤浅、力求
深入的道理。

### 学古之道，犹食笋而去其箨也。

【注释】出自清·魏源《默觚·治篇五》。之，的。道，
方法。犹，好像。箨（tuò），笋壳。也，句末语气助词。

【译文/点评】学习古代文化的方法，就像吃笋而去除其
笋壳一样。这是以比喻修辞法，形象生动地说明了这样一个道
理：对于古代文化的学习，要取其精华而去其糟粕，汲取其合

理的部分而扬弃其无用的部分。这种学习方法，其实不仅适用于学习古代文化，在学习古今中外一切知识的过程中都是适用的。

**学贵心悟，守旧无功。**

【注释】出自宋·张载《经学理窟·义理篇》。

【译文/点评】此言学习应该认真思考，要能心领神会，在读书中有自己的心得体会，不可无所用心，限于前人旧说。也就是说，读书要读活，要带着问题读，在读中思，在思中读，不可只读不思。

**学，然后知不足；教，然后知困。**

【注释】出自汉·戴圣《礼记·学记》。困，困惑。

【译文/点评】向他人求学，然后才知道自己知识的贫乏；为人之师，教育别人，才会感到自己还有很多知识盲点，存在许多困惑。此言教与学的过程会让人对自己知识的有限性有清醒的认识，从而使人虚心向学，活到老学到老。否则，必然是无知者无畏，狂妄自大而不自知。

**学如不及，犹恐失之。**

【注释】出自先秦《论语·泰伯》。如，像。犹，还。

【译文/点评】努力学习，好像来不及一样，但还唯恐有什么遗失而没学到。这是孔子谈自己学习的经验。孔子之所以博学而有深刻的思想，是与其刻苦学习密切相关的。今天我们读书学习、接受新知，还是应该以孔子为榜样的。

**学如弓弩，才如箭镞。识以领之，方能中鹄。**

【注释】出自清·袁枚《续诗品·尚识》。箭镞，箭头。中鹄，射中目标。

【译文/点评】学问就像弓弩，才气就像箭头。有了学问与才气，然后用识断引领，才能发挥作用。此以比喻修辞法，形象生动地说明了学问、才气与识断之间的关系。

**学所以益才，砺所以致刃。**

【注释】出自汉·刘向《说苑·建本》。所以，用来。砺，磨刀石、磨。致刃，使刀有锋刃。

【译文/点评】学习是为了增长才干，就像磨刀是为了使刀刃锋利一样。此言以磨刀致刃为喻，形象生动地说明了学习可以增长才干的道理。

**学问藏之身，身在则有余。**

【注释】出自唐·韩愈《符读书城南》。则，就。

【译文/点评】此言人有学问，那么做人就游刃有余了。这是韩愈勉励儿子韩符认真读书之言，其实也是勉励天下所有后生晚辈的话。

**学问勤中得，萤窗万卷书。**

【注释】出自宋·汪洙《神童诗》。萤窗，此指晋人车胤少时家贫，捉萤火虫集于囊中，用以夜晚照明读书的典故。

【译文/点评】此言要想学有所成，就要以"勤"字当头，要有车胤囊萤苦读的精神，读破万卷书。

**学问无大小，能者为尊。**

【注释】出自清·李汝珍《镜花缘》第二十三回。

【译文/点评】此言有没有学问是与年龄没关系的，因此对于年龄小于自己而学问高于自己的人，要有虚心向学的雅量，尊而师之。

**学问之道无他，求其放心而已矣。**

【注释】出自先秦《孟子·告子上》。无他，没有别的。放心，丢失的良心。而已，罢了。矣，句末语气助词。

【译文/点评】研究学问的途径，没有别的，就是把丢失的良知找回来罢了。这是孟子对"学问之道"的认识。我们常说的"开卷有益"一语，其实与此意也有相通之处。因为研究学问总能让人向善。

**学以聚之，问以辩之。**

【注释】出自先秦《周易·乾·文言》。以，承接连词。问，指提问讨论。辩，同"辨"，辨析。

【译文/点评】通过学习来积累知识，通过提问讨论来辨析事理。此言学习与提问讨论对于提高知识与辨析事理能力的作用。

**学以明理，文以述志。**

【注释】山自宋·苏轼《送人序》。志，心志、思想。

【译文/点评】学习是为了明白道理，写文章是为了表达自己的思想。此言学习与写作的意义。

**学有次第，而后大成。**

【注释】出自宋·欧阳修《小学类》。次第，次序。

【译文/点评】此言学习是有规律的，应该循序渐进，才能学有大成。意在劝勉后学者学习不可急躁冒进，要能沉潜下去，一步一个脚印。

**学者不患才之不赡，而患志之不立。**

【注释】出自汉·徐幹《中论·治学》。患，担心。之，放在主谓语之间，取消句子的独立性。赡（shàn），富足、充足。

【译文/点评】学习的人不必担心自己天赋不够，只怕自己没有努力学习的志向。此言立志对于学习效果的重要性。

**学者贵于行之，而不贵于知之。**

【注释】出自宋·司马光《答孔司户文仲书》。

【译文/点评】学习的人贵于将所学到的东西运用于实践，而不是为了单纯地学习知识。此言学习贵在学以致用。

**学者之有《说文》，如医之有《本草》。**

【注释】出自宋·苏轼《书篆髓后》。《说文》，即《说文解字》，东汉学者许慎所著，是中国第一部以汉字形体结构为基础来释义，兼及音的字书，第一次系统地建立起汉字的部首系统。《本草》，即《神农本草经》，作者大约为东汉时人。明人李时珍所著《本草纲目》，即是为改定增补此书而作。

【译文/点评】学习的人有《说文解字》一书，就像医生有药书《本草》一样。此言《说文解字》对学习者学习汉字、了解汉字形音义的重要性。关于《说文解字》在中国语言学史上的学术价值,有关语言学史的著作都有评价。

**学之广在于不倦,不倦在于固志。**

【注释】出自晋·葛洪《抱朴子·崇教》。固志,坚定意志。

【译文/点评】要想学识渊博,能够持之以恒是关键;而要持之以恒地坚持学习,则要对学习抱有坚定的信念与意志。此言学有所成要靠坚持不懈的努力,更要有坚定的意志。

**循序而渐进,熟读而精思。**

【注释】出自宋·朱熹《读书之要》。

【译文/点评】此言读书要依循一定的顺序,由浅入深,先读什么,后读什么,都要有合理的安排;对于所读的书要读熟,并对其内容要旨作深刻的理解与思考。这种读书方法,今天对我们仍有借鉴指导意义,因为它确实说出了其中的道理。

**严家无悍虏,而慈母有败子。**

【注释】出自先秦《韩非子·显学》。悍虏,凶悍的家奴。败子,不成器的孩子。

【译文/点评】家教严格的家庭不会出凶悍蛮横的家奴,而慈祥的母亲却会培养出不成器的孩子。此言对孩子的培养应该从严要求,切不可溺爱、放纵。

**仰之弥高,钻之弥坚。**

【注释】出自先秦《论语·子罕》。仰,抬头看,景仰、敬仰。之，它。弥，更加、越发。钻，钻研、深究。坚，坚固、牢固，此指深奥。

【译文/点评】老师的学问道德，抬头仰望，越看越觉得高大；越钻研深究，越觉得深奥不测。这是孔子的学生颜渊赞叹老师孔子的话。后世引此语，也指对某一个问题或一个人接触越多、钻研越深就越觉耐人寻味，兴趣越浓。

**养不教，父之过；教不严，师之惰。**

【注释】出自宋·王应麟《三字经》。之，的。过，过错。惰，懒惰。

【译文/点评】养孩子而不教育，这是做父母的过错；教育孩子而不严格，这是做老师的懒惰不尽职之过。此言意在强调做父母的要有教育孩子的责任心，做教师的要有敬业精神、从严要求学生。

**咬定几句有用书，可忘饮食；养成数竿新生竹，直似儿孙。**

【注释】出自清·郑燮题扬州小玲珑山馆联语。

【译文/点评】此言读书要读有用之书，以让其成为有助于国家人民的人；培养儿孙要像栽培竹子一样，要使其成为具有独立不倚、坚贞不屈品格的正人君子。

**业精于勤荒于嬉，行成于思毁于随。**

【注释】出自唐·韩愈《进学解》。业，学业。嬉，嬉戏、玩耍。行，指品德、品行。随，随便、放任。

【译文/点评】学业精进在于勤奋，学业荒废在于嬉戏不专心；高尚品德的养成在于勤于思考反省，品德修养不好是毁于自己放任随便。此言学业的精进在于勤奋，品德的修养在于认真。

**遗今而专乎古，则其失为固；遗古而务乎今，则失为妄。**

【注释】出自明·方孝孺《求古斋记》。遗，遗忘。乎，于。则，那么。固，顽固不化。务，从事。妄，狂妄。

【译文/点评】遗忘今学而专注于古学，那么他就不免要犯顽固不化的错误；遗忘古学而只专注于今学，那么就不免要犯狂妄无知的错误。此言学习不能厚古薄今，也不能厚今薄古，而应该古今的学问并重，也就是要淹通古今，古今打通。这样，才会学有根底而又不至于食古不化。

**遗子黄金满籯，不如一经。**

【注释】出自汉·班固《汉书·韦贤传》引谚语。遗，留下。籯（yíng），竹筐。经，经书。

【译文/点评】给子孙留下满筐黄金，不如教给子孙一经。此言教会子孙做人做事的方法远胜于给他们留下大量的遗产。这是正确而明智的教育方法。因为掌握了做事做人的方法，子孙自己会创造大量的财富；而子孙不成器，再多的家产也会败尽。西方人重视孩子的教育，死后将财产捐献社会做慈善，而不愿留遗产给子女，其理念正与此同。

**以身教者从，以言教者讼。**

【注释】出自南朝宋·范晔《后汉书·第五伦传》引第五伦上疏。从，听从。讼，争辩是非。

【译文/点评】用实际行动教育别人，别人就会信从；用说教去教训别人，别人不会买账，甚至还会有争执。此言身教重于言教的道理。

**倚立而思远，不如速行之必至也；矫首而徇飞，不如修翼之必获也；孤居而愿智，不如务学之必达也。**

【注释】出自汉·徐幹《中论·治学》。也，句末语气助词。矫首，抬起头。徇，宣示。愿智，希望获得智慧。务，从事、致力于。

【译文/点评】站立不动而想着远处的目标，还不如立即行动起来，最终一定能够到达；抬头做出想飞的姿态，还不如整理羽翼振翅而飞，最终一定能够直上云霄；独处苦思而希望变得学问渊博，还不如勉力学习，最终一定能够实现理想。此以人思远途、鸟想飞翔为喻，形象生动地说明了这样一个道理：与其独居苦思，不如立即行动起来努力学习收获大。此与汉人名句"临渊羡鱼，不如退而结网"（《汉书·董仲舒传》）同义。

**意会心谋，目往神授。**

【注释】出自宋·李清照《金石录后序》。意，此指意念。心，指大脑（古人以为心是思维的工具）。神，此指注意力。

【译文/点评】意有所得，大脑就进行思考；触目之处，注意力就为之集中。此言读书的方法，符合现代思维科学的规律。

有教无类。

【注释】出自先秦《论语·卫灵公》。类，类别。

【译文/点评】任何人都有受教育的权利，不可对他们加以区分。这是孔子对教育问题的基本观点，体现了民主、平等的教育思想，今天仍然具有重要的意义。

有所不为，为无不果；有所不学，学无不成。

【注释】出自宋·王安石《祭沈文通文》。为，做。果，实现、成功。

【译文/点评】此言有所选择地做某件事，才能将所做的事做好；有所选择地学习某些东西，才能学有所成。意谓人的精力有限，应该集中精力、有所选择地做事、学习，以期为而有功、学有所成。此与道家"有所为，有所不为"的思想是相通的，闪耀着辩证法思想的光辉。如果用俗语来诠释王安石这句话的意旨，就是"双拳齐出，不如一拳有力"，因为收一拳才能积蓄力量于另一拳上。如果用军事术语来说，就是"集中优势兵力打歼灭战"、"伤其十指，不如断其一指"。

幼而学者，如日出之光；老而学者，如秉烛夜行，犹贤乎瞑目而无见者也。

【注释】出自北齐·颜之推《颜氏家训·勉学篇》。秉，持、拿。犹，还。贤乎，胜于。者也，句末语气助词，帮助判断。

【译文/点评】少年时代就好学，就像是早上初升的太阳之光；老来才知道虚心向学，就像是拿着蜡烛走在暗夜中。尽管如此，还是比闭着眼睛什么也看不到要强多了。此言意在鼓励人们时刻不忘学习上进，如果错过学习的最佳时机，努力追补，仍然是精神可嘉的表现。

**于不疑处有疑，方是进矣。**

【注释】出自宋·张载《经学理窟·义理》。方，才。矣，了。

【译文/点评】在表面看来没有疑问破绽的地方看出问题，这才是进步了。此言学习与治学都要勤于思考，善于发现问题。

**玉不琢不成器，人不学不知道。**

【注释】出自汉·戴圣《礼记·学记》。琢，打磨玉石。道，道理。

【译文/点评】此以打磨玉石而成玉器为喻，说明人必须接受教育、懂得道理的重要性。

**欲知则问，欲能则学。**

【注释】出自先秦《尸子·处道》。欲，想。则，就。

【译文/点评】要想博学多知，就要多问他人；要想有能力，就要善于学习。此言多问多学是一个人多知、多能的根本途径。

**早知今日读书是，悔作从前任侠非。**

【注释】出自唐·李颀《缓歌行》。任侠，指行侠仗义，为别人打抱不平。

【译文/点评】此言早知读书的好处，以前就不会游手好闲、游走任侠了。此乃通过一个任侠者的悔恨之言来强调读书的重要性。

**知不足，然后能自反也；知困，然后能自强也。**

【注释】出自汉·戴圣《礼记·学记》。自反，自我反省。也，句末语气助词。

【译文/点评】只有知道自己的不足，然后才能自我反省；只有知道自己的困惑所在，然后才知道发愤自强。此言学习上"知不足"、"知困"的重要性。

**知不足者好学，耻下问者自满。**

【注释】出自宋·林逋《省心录》。耻下问，以向人请教为羞耻。

【译文/点评】知道自己有不足之处的人就会好学，耻于请教别人的人就会自满。此言意在劝勉世人做人应该谦虚好学，切不可自大自满。

**知人无务，不若愚而好学。**

【注释】出自汉·刘安《淮南子·修务训》。知，通"智"。务，从事、追求。不若，不如。

【译文/点评】有智慧的人无所事事，还不如平庸的人好学上进。此言有智慧还需要勤奋努力，否则仅靠聪明的脑袋，那是成不了大事的。

**知之为知之，不知为不知，是知也。**

【注释】出自先秦《论语·为政》。之，它。是，这。也，句末语气助词。

【译文/点评】知道就是知道，不知道就是不知道，这才是明智的。这是孔子教育学生在学习中要有踏实认真的态度，要实事求是，不能浮躁，更不能不懂装懂。这话不仅过去、现在是对的，就是千年万年的将来，也永远是正确的。要想学有所成，就必须持这种态度。

**知之者不如好之者，好之者不如乐之者。**

【注释】出自先秦《论语·雍也》。知，懂得。之，它。者，（的）人。好（hào），喜爱。乐，以之为乐。

【译文/点评】懂得它的人不如喜欢它的人，喜欢它的人不如以它为乐的人。这是孔子就兴趣对一个人学习、工作的重要性所发表的见解。这一观点从今天的角度看来，具有心理学上的依据。因为只有对某一个问题或事情感兴趣，人的注意力才能长久维持下去，最终完成所要完成的工作或学习任务，从而走向成功。

**纸上得来终觉浅，绝知此事要躬行。**

【注释】出自宋·陆游《冬夜读书示子聿》。绝知，彻底了解。此事，指学问。躬行，亲自实践。

【译文/点评】听别人谈读书治学的经验终究是难以有深切的体会的，要想彻底了解读书治学的规律，最好是自己亲自实践，并从中摸索出规律。这是讲读书治学的方法，引申开去，这话可以说明这样的道理：凡事都应该勇于实践，在实践中掌握规律，在实践中锻炼提高，而不是仅仅依靠前人所提供的间接经验。

**治国家天下之道，必本于学。**

【注释】出自宋·曾巩《自福州召判太常寺上殿札子》。道，方法、原则；本于学，以学为基础、为根本。

【译文/点评】担治国之大任者，绝不可固步自封，必须虚心向学，学习古往今来一切有益的治国安邦的经验，与时俱进，励精图治，这样才能保证国家的长治久安。曾巩所说之"学"，虽然只局限于封建的治国之术，但若扩大其"学"之范围，则这句话就是千古不易的真理了。因为学就会进步，进步就会强大。

**致天下之治者在人才，成天下之才者在教化，教化之所本者在学校。**

【注释】出自宋·胡瑗《松滋县学记》。

【译文/点评】要使天下达到太平无事的境界，关键在于杰出的人才；要造就能治天下的杰出人才，就要重视教育；要对民众实施良好教育的基础，则落实于学校。此言学校教育在造就人才与治国安邦方面的特殊意义。

**致知在格物，物格而后知至。**

【注释】出自汉·戴圣《礼记·大学》。致知，获得知识。格物，研究事物的规律。

【译文/点评】要想获得知识，关键在于研究事物的规律；研究事物的规律，而后知识便会获得。此言获得知识与研究事物规律之间的关系。其意在于强调在学习中研究、在研究中学习的观念。

**智能之士，不学不成，不问不知。**

【注释】出自汉·王充《论衡·实知》。

【译文/点评】即使是有智慧、有能力的人，如果不学习，也是不能成功的；如果不请教别人，也会有疑问而不能得到答案的。此言勤学、勤问是一个人成功的基本前提。

**滞者导之使达，蒙者开之使明。**

【注释】出自宋·欧阳修《夫子罕言利命仁论》。

【译文/点评】对于思想阻滞不进的学生，要用开导的方法使其通达；对于愚钝的学生，则要用启发的方法使其聪明起来。此言针对不同的学生要用不同的教育方法。

**中人以上，可以语上也；中人以下，不可以语上也。**

【注释】出自先秦《论语·雍也》。中人，中等智商的人。语上，讲授高深的学问。也，语气助词。

【译文/点评】中等智商的学生，可以教他高深一些的内容；中等智商以下的学生，是不可以跟他讲高深的内容的。这是孔子就教学方法所发表的见解。用今天的话来说，就是根据教学对象确定教学内容，这正是孔子"因材施教"的教学思想的体现，今天仍然具有指导意义。

**褚小者不可以怀大，绠短者不可以汲深。**

【注释】出自先秦《庄子·至乐》。褚（zhǔ），口袋。怀，装。绠（gěng），井绳。汲，打水。

【译文/点评】衣袋小了装不了大东西，井绳短了打不了深井之水。此以容物、取水为喻，说明才疏学浅者难以明

"道"的道理。

**谆谆而后喻，谵谵而后服。**

【注释】出自宋·王安石《庄周下》。谆谆（zhūn），指教导恳切之貌。喻，明白。谵谵（náo），指据理力争之貌。

【译文/点评】恳切教育之后，才能使人明白其理；据理力争之后，才能让人心服口服。此言教育他人要有耐心，说服他人要讲道理。

**尊师，则不论其贵贱贫富。**

【注释】出自先秦·吕不韦《吕氏春秋·孟夏纪·劝学》。则，那么、就。

【译文/点评】尊敬教师，是不应该分贵贱贫富的。此言任何人都应当尊重老师。